湖北师范大学出版基金资助
湖北省高等学校省级教学研究项目成果（2021365）
湖北师范大学教学改革研究重点项目（2021012）

历史地理信息系统基础操作教程

Basic Operation Tutorial for Historical Geographic Information Systems

主编◎尚 平 梁 陈

华中科技大学出版社
http://press.hust.edu.cn
中国·武汉

内 容 提 要

本书以GIS在历史学等基础文科专业中的结合运用为主线,覆盖由历史GIS操作方面由低到高、循序渐进的九个学习模块,包括:ArcGIS等GIS软件简介,ArcMap文档的创建及矢量数据的创建与编辑,古旧地图的配准,简单历史地图的绘制,历史地理信息的三维显示,属性表的编辑、修改及表与数据转换,数据属性表及数据表之间的连接与关联,历史地理史料与成果的数据化,历史地理信息的空间分析。本书在内容和体例编排上突出体现了GIS与传统基础文科各自的特点以及交融性。本书案例丰富、讲解清晰、数据完整连贯,易于学习者系统学习HGIS的各种基础操作,帮助学习者更好地利用GIS进行历史学等文科课程的学习和研究以及知识传播。

本书适合作为高校历史学、文学等基础人文学科、社会科学学科以及人文地理学、文化遗产等相关学科专业的研究生、本科生教材和学习参考书,也可以作为新文科教学探索方面的参考书,同时适合数字人文学研究的初学者使用。

图书在版编目(CIP)数据

历史地理信息系统基础操作教程/尚平,梁陈主编. -- 武汉:华中科技大学出版社,2024.7.
ISBN 978-7-5680-9765-9

Ⅰ. K901.9;P208.2

中国国家版本馆CIP数据核字第2024PX7555号

历史地理信息系统基础操作教程
Lishi Dili Xinxi Xitong Jichu Caozuo Jiaocheng

尚平 梁陈 主编

策划编辑:王 乾
责任编辑:洪美员
封面设计:原色设计
责任校对:李 琴
责任监印:周治超

出版发行:华中科技大学出版社(中国·武汉)　　电话:(027)81321913
　　　　　武汉市东湖新技术开发区华工科技园　　邮编:430223
录　排:孙雅丽
印　刷:武汉市籍缘印刷厂
开　本:787mm×1092mm　1/16
印　张:12.25
字　数:261千字
版　次:2024年7月第1版第1次印刷
定　价:59.80元

本书若有印装质量问题,请向出版社营销中心调换
全国免费服务热线:400-6679-118　　竭诚为您服务
版权所有　侵权必究

前言

一般认为,"数字人文"起源于20世纪40年代末的人文计算,是一个由人文知识、计算机网络基础设施、数据分析与可视化技术等多种技术和知识融合发展形成的新的跨学科研究领域,是数字时代新型知识生产范式的代表。自2016年起,"数字人文"在中国进入加速发展的建制化阶段,"大数据视域下数字人文研究"入选了"2018年度中国十大学术热点"。近年来,"数字人文"研究出现热潮并向专业化、体系化迈进,其中重要的表现是以"数字人文"为主题的暑期班、专题会议不断,研究机构逐步建立,学术期刊发文量猛增。

基于历史地理信息系统(Historical Geographic Information System,HGIS)的可视化和分析是数字人文在历史学研究方面的应用典型,它可以有机地集成地理信息系统(Geographic Information System,GIS)的技术优势、地理学家的空间视角和历史学家的时间视角,结合历史数据和地理空间分析,为历史研究提供新的途径和方法。历史学界已在历史地理信息系统平台建设方面取得了卓越成就,但与此同时,历史地理信息系统在普及及利用程度方面存在明显不足。目前,国内大多数历史学者,包括历史地理学者,对历史地理信息系统的了解和使用程度普遍较低。

作为历史地理信息系统的初级操作教程,本教材从历史地理信息系统的基本原理和基础使用方法入手,通过实例演示和详细的步骤说明,让初学者了解和掌握基础操作技能。同时,教材也包括了历史地理信息系统的数据获取与处理、地图制作与分析等内容,为学习者提供了更加全面和深入的学习资源,旨在帮助学习者更系统地学习和掌握历史地理信息系统的操作技能,并能由此获得该系统作为数字人文基本软件工具的初步认识。

本教材共分为九章:第一章主要介绍ArcGIS软件的基本功能,使学习者对该软件有一个基本的了解和认识,为后面的学习打下基础;第二章至第五章为历史地图基础操作篇,包括矢量数据的创建与编辑、古旧地图的配准、简单历史地图的绘制、三维地图的制作等;第六章至第七章为属性表的编辑、简单的历史地理数据库的创建等;第八章为历史地理史料与成果的数据化,为个人提供研究所需的思路和方法;第九章为简单的历史地理信息的空间分析,包括缓冲区分析、密度分析等,为后续学习和掌握HGIS空间分析进行铺垫。每章后面有若干操作题,帮助学习者对照练习、复习以及熟悉学界现有的历史地理信息数据库。

在本教材的编写过程中,我们参考了国内外相关领域的研究成果和经验,并结合自身多年的教学和实践经验,力求在将知识、方法、理念传递给学习者的同时,保持教学内容科学性与实用性的平衡。我们希望本教材能够成为学习者学习历史地理信息系统的有力助手,激发学习者对于历史地理信息技术的兴趣和探索热情,为学习者的学习和科研工作带来更多的帮助。

本教材第一章至第七章由尚平撰写,第八章、第九章由梁陈撰写。由于编者水平有限,书中难免存在不妥之处,敬请读者批评指正。

目录
MULU

第一章　ArcGIS 等 GIS 软件简介　/001

第一节　Bigemap 卫星地球客户端的应用　/001
第二节　ArcGIS Desktop 的界面与初步使用　/010
第三节　ArcGIS 数据类型　/014

第二章　ArcMap 文档的创建及矢量数据的创建与编辑　/017

第一节　ArcMap 文档的创建　/017
第二节　矢量数据的创建　/027
第三节　矢量数据属性内容的填充　/040
第四节　矢量数据的选择　/047
第五节　矢量数据的编辑　/054
第六节　编辑数据的保存与已有数据的导出　/078

第三章　古旧地图的配准　/082

第一节　材料准备　/082
第二节　地理配准　/084

第四章　简单历史地图的绘制　　/090

第一节　简单平面示意图的制作　　/090
第二节　数值类属性的分级符号化和图例的添加　　/093

第五章　历史地理信息的三维显示　　/113

第一节　地形地貌信息的重要性　　/113
第二节　高程数据的获取与加载　　/114

第六章　属性表的编辑、修改及表与数据转换　　/119

第一节　属性表中字段的删除与添加操作　　/119
第二节　shp点数据属性表导出为Excel表操作　　/121
第三节　Excel表转换为点数据操作　　/125

第七章　数据属性表及数据表之间的连接与关联　　/131

第一节　多层数据表之间的批量筛选　　/131
第二节　属性表的连接　　/135
第三节　数据属性表与外部Excel表的连接　　/140
第四节　文件地理数据库的创建　　/144

第八章　历史地理史料与成果的数据化　　/152

第一节　史籍资料的数据化处理　　/152
第二节　考古文献中历史信息的数据化加工　　/159
第三节　成果文献中历史信息的数据化加工　　/163
第四节　图集资料的数据化处理　　/168

第九章　历史地理信息的空间分析　　/175

第一节　历史地理信息的叠加　　/175

第二节　历史地理信息的缓冲区分析　　/177

第三节　历史地理信息的密度分析　　/180

参考文献　　/183

第一章
ArcGIS 等 GIS 软件简介

 学习目的

(1) 了解数字地球和常用卫星地球客户端的功能。
(2) 初步理解地理信息和地理数据的含义。
(3) 了解 ArcGIS 软件的界面。
(4) 能够利用卫星地球客户端标绘简单的点、线、面数据。

 学习要求

(1) 下载安装 1—2 种卫星地球客户端。
(2) 打开 ArcGIS 10.8 中的 ArcMap,了解其主界面窗口。

第一节 Bigemap 卫星地球客户端的应用

一、概述

GIS 软件进行数据浏览的主窗口就好像一个摊平的地球表面,每个位置都有唯一的坐标点,即经纬度值的组合。地球上的事物也自然都有一个或一组固定或动态的坐标值来表示其位置,也就是把地球表面上的事物可以抽象为点、线、面,这些点、线、面都有精确对应的位置和距离关系。

坐标值的精度与测绘技术的进步有关。20 世纪 50 年代末,航天测绘随着人造卫星上天获得快速发展,同一时期,计算机技术也在迅速更迭。卫星对地球的测绘使得人类可获取到的地球表面信息的数量和质量产生了爆炸式的飞跃。在这一背景下,人类对地物进行更精确的描摹、统计和分析的软件应运而生,GIS 软件就是在这种技术进步基础上出现并迅速发展的。

二、数字地球的客户端

为了使初学者快速了解GIS表示地物的原理,下面首先从常见的数字地球相关软件的使用来进行介绍。

目前,提供中国卫星的测绘数据的公司很多,所提供的数字地球客户端产品有Bigemap、水经注、奥维地图等。这些数字地球的开放客户端,可以帮助我们准确地观察地物位置,并能够进行一些简单的数据处理。

下面就以Bigemap为例进行说明,进而理解GIS平台的原理(搜索Bigemap客户端,可以找到成都比格图数据处理有限公司的官网进行免费下载,安装好后即可打开)。

该客户端的界面提供了多种地图资源,如天地图、星图地球等,而且有三维模式,所设置的标绘工具栏提供了【拖动】【选择】【标绘点】【标绘线】【标绘多边形面】【标绘圆形】【标绘椭圆形】【标绘扇形】【标绘矩形面】等按钮,可以测量线距离和面积。在搜索工具栏中,可以输入地名进行位置定位(图1-1-1)。

图1-1-1　Bigemap客户端主窗口中的标绘工具栏

在客户端主窗口的右下角,提供了卫星地图的名称和审图号,如星图地球、影像级别和光标所在点的经纬度值。由于数字地球的位置精度非常高,其经纬度值可以达到小数点后6位,这意味着其精度达到近10厘米级。也就是说,理论上,当要表示地球表面上一个普通鼠标垫大小的事物的位置和形状时,都可以利用这种数字地球客户端,以标绘点、线、面的方式来方便地进行记录和表示(图1-1-2)。

比如,找到中国湖北省武汉市的黄鹤楼的楼顶中心,忽略影像照片拍摄的倾斜误差的情况下,可以看到其经纬度值是东经114.296943°、北纬30.547040°(图1-1-3)。

下面我们可以使用这一客户端进行简单的数据创建,例如如何来利用数字地球客户端采集杭州西湖秋瑾墓、林和靖墓的位置以及孤山路、孤山岛的位置、形状。

打开Bigemap客户端,拖动鼠标到杭州西湖,滚动鼠标放大,找到孤山岛,然后使用标绘工具栏中的【标绘点】按钮(图1-1-4)。

将光标移至卫星地图图标上的秋瑾墓位置,单击鼠标左键。这时,该位置会弹出一个蓝色原点,初始命名为"Point#1"。同时,窗口左面图层管理框内的【我的图层】下出现【新建图层】,【新建图层】下出现命名为"Point#1"的标签(图1-1-5)。

用同样的操作方式,绘制出林和靖墓的位置。然后选择【标绘线】和【标绘多边形面】按钮,绘制出孤山路和孤山岛的位置、形状。

此时,【新建图层】中标注的名称是默认的"Point#1""Point#2""Polygon#0""Line0",这时,可以将光标放置在图层上,进行名称的重命名。

第一章 ArcGIS 等 GIS 软件简介

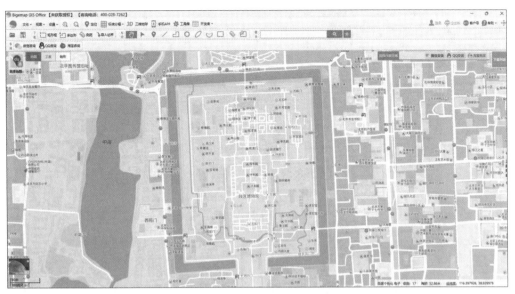

图 1-1-2　Bigemap GIS Office 中提供的百度地图：北京故宫及其周围

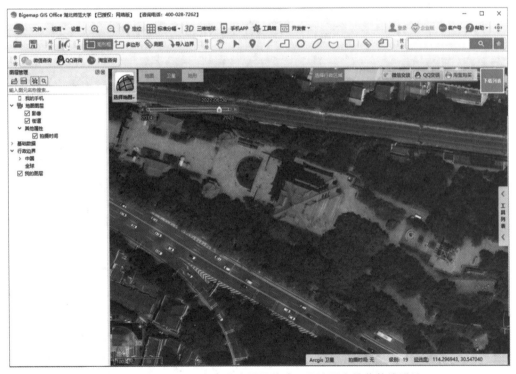

图 1-1-3　Bigemap 客户端中星图地球卫星地图中的黄鹤楼附近

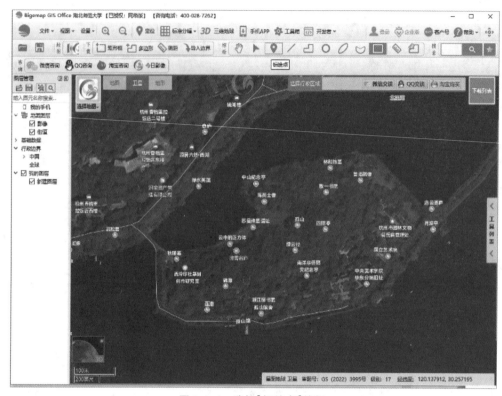

图 1-1-4　选择【标绘点】按钮

图 1-1-5　标绘"秋瑾墓"时的界面

然后将鼠标光标移至林和靖墓处,单击鼠标左键,就会弹出"Point#2"命名的位置标签(图1-1-6)。

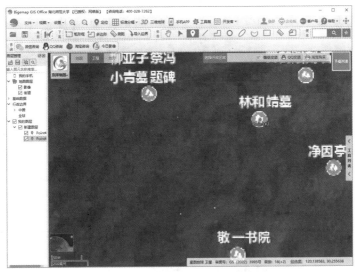

图1-1-6　标绘林和靖墓时的界面

鼠标左键单击【重命名】,弹出对话框后,可以输入"林和靖墓"。依次更改其他图层名称(图1-1-7、图1-1-8)。

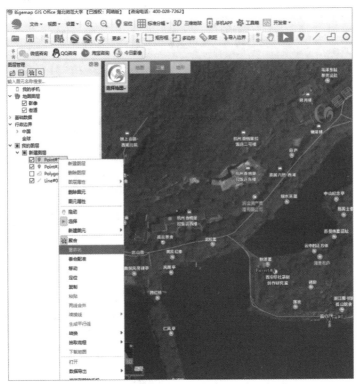

(a)

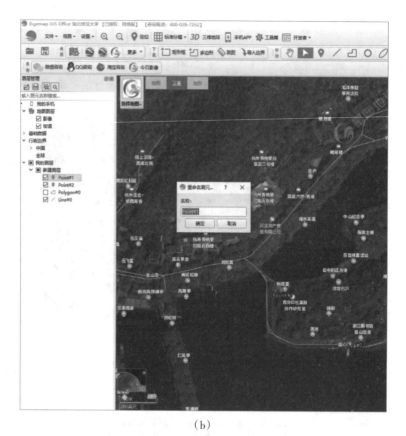

(b)

图1-1-7 选择已标绘的点进行重命名

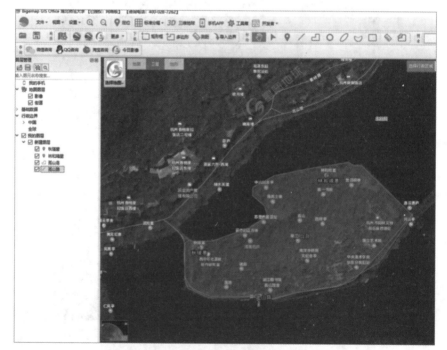

图1-1-8 选择已标绘的面进行重命名

可见,通过卫星地球的类似客户端,可以用点、线、面来表示不同类型的地物,而这些点、线、面也就具备位置属性。如秋瑾墓的点,就是由一个明确的经纬度值表示,孤山路就是由一条连续排列的经纬度值来表示,孤山岛是由一系列能够形成闭环线的经纬度值来表示的范围。

Bigemap 提供了将图层转换为数据的服务功能。将鼠标光标放置在【新建图层】上,点击鼠标右键,弹出下拉框后,选择【数据导出】—【另存为文件】(图 1-1-9),就会弹出对话框。

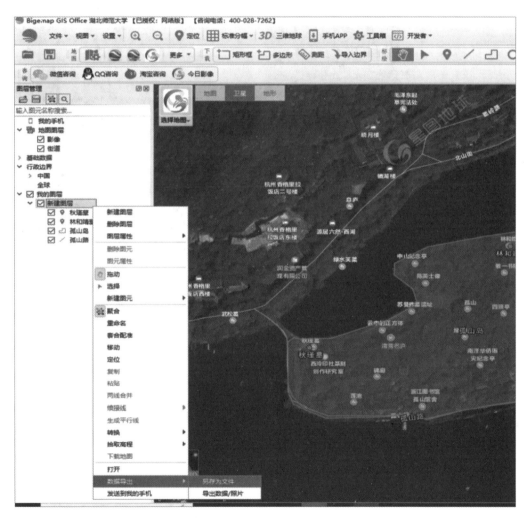

图 1-1-9　图层数据的导出界面

通过【浏览】按钮设定文件保存路径和文件夹(图 1-1-10)。选择投影,就会显示默认坐标系。

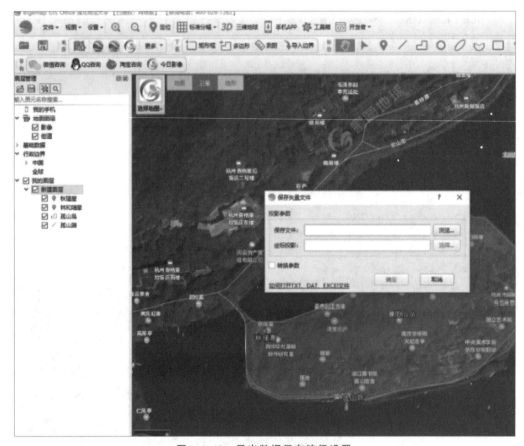

图1-1-10　导出数据保存路径设置

然后对文件进行命名,我们暂时将其命名为"孤山岛地物数据",并在【数据类型】下拉框中选择"shape file(*.shp)"进行保存(如果未授权,客户端只能保存为其他格式的数据,免费用户可以申请获得临时授权)(图1-1-11)。那么,图层就转换成了ArcGIS通用的矢量数据。关于矢量数据的说明参见后文。

通过卫星地球,可以很方便地用点、线、面的数据来标记地物的位置,而GIS软件就是能够浏览、编辑这些数据的软件,这些文件也可以自然地导入到GIS软件中。

以ArcGIS的ArcMap文档为例,观察导出的孤山岛地物数据。建立地理数据的方式和工具软件很多,GIS软件本身的数据采集功能更是常用的,后面会详细介绍地理数据的创建和编辑操作。

下面就是打开的一个ArcMap文档中所导入的利用BigeMap标绘转换而来的孤山岛地物数据形成的图层(图1-1-12)。

注意:这是一幅截图,光标的位置停留在林和靖墓处,主窗口右下角所显示的就是林和靖墓的坐标位置,保留小数点后3位。所以,通俗来讲,ArcMap的主窗口就像是一个被摊平了的地球表面,窗口几乎无限大,上面的每个位置都有和现实通用的坐标系所表达出来的唯一的一组坐标值。因此,GIS可以用抽象化的点、线、面符号来表达现实地物的位置。

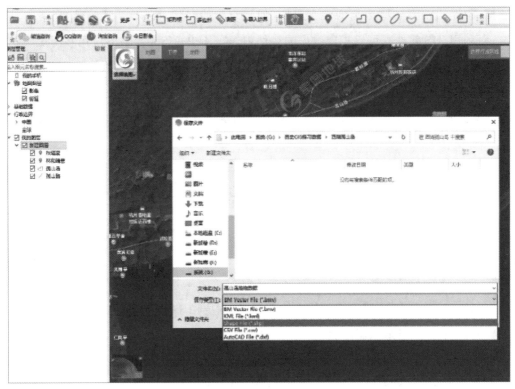

图 1-1-11　选择导出数据类型为"shape file(*.shp)"

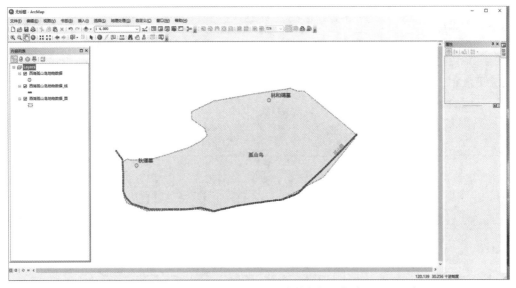

图 1-1-12　将利用 BigeMap 标绘、导出的数据添加在 ArcMap 中

总之,通过这种操作,可以看出数字地球与 GIS 软件之间的内在联系,卫星测绘技术使地物位置高精度地表示成为可能,GIS 软件进而能够对表示地物的数据进行处理。GIS 的主窗口上面的每个位置都有对应的坐标值,相比较于目前简单的数字地球客户端,GIS 软件有更灵活丰富的数据处理能力。比如在数字地球客户端中,虽然能够标绘

数据，但是无法对这些数据的内在属性（如建筑物的时代、面积、功能等信息）进行补充，而利用GIS软件则可以扩展数据的属性内容。历史GIS是将GIS应用在历史时期的地物数据化和地理分析上。也就是说，可以将过去地球表面上存在过的事物（如果能够基本确定其位置），以点、线、面的数据形式呈现出来。由此，历史时期事物的位置关系就会明确而清晰，进而获得了从地理和空间角度探索历史的更广阔的前景。

第二节　ArcGIS Desktop的界面与初步使用

一、ArcMap简介与使用

ArcMap是ArcGIS桌面系统核心应用程序，主要用于显示、查询、编辑以及分析地图数据，是我们进行地图制图的主要操作程序（图1-2-1）。ArcMap窗口主要由主菜单、窗口标准工具、内容列表、地图显示窗口、绘图工具以及状态条6个部分组成。ArcMap中主要有数据视图和布局视图两种数据浏览方式。

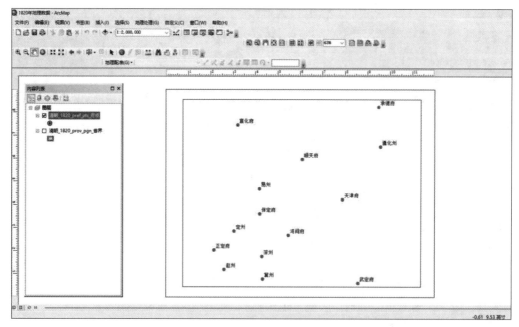

图1-2-1　ArcMap工作界面：添加CHGIS 6.0 1820年部分数据

（一）主菜单

主菜单主要包括文件、编辑、视图、书签、插入、选择、地理处理、自定义、窗口和帮助10个子菜单(图1-2-2)。

图 1-2-2　ArcMap主菜单

（二）窗口标准工具

窗口标准工具前面10个按钮为常用的软件功能按钮,后面的按钮依次为【加载地图数据】【设置地图显示比例】【调用编辑工具】【启动 ArcCatalog】【启动 ArcToolbox】【启动命令行】【调用实时帮助】等按钮(图1-2-3)。

图 1-2-3　ArcMap窗口标准工具

（三）内容列表

内容列表用于显示地图所包含的数据组、数据层、地理要素及显示状态(图1-2-4)。可以用来控制数据组、数据层的显示与否,以及设置地理要素的表示方法。

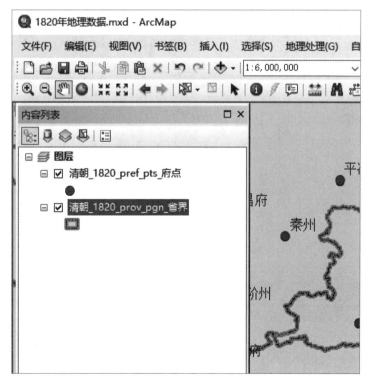

图 1-2-4　内容列表

（四）地图显示窗口

地图显示窗口用于显示地图包括的所有地理要素，分为数据视图和布局视图。这两种视图可以通过显示窗口左下角的两个按钮切换使用（图1-2-5、图1-2-6）。

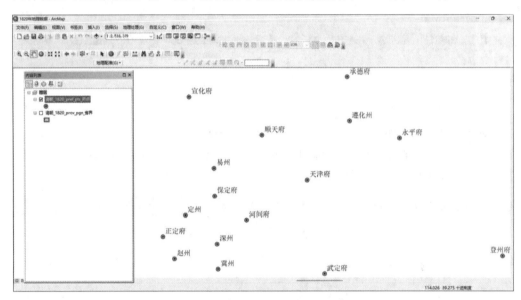

图1-2-5　数据视图界面

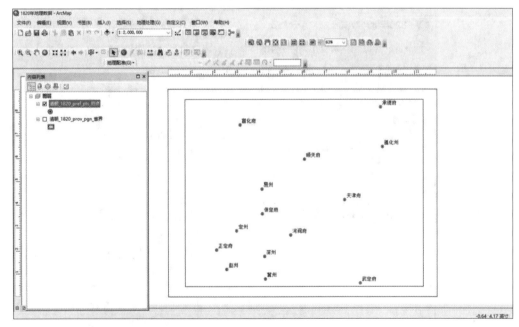

图1-2-6　布局视图界面

1.数据视图

在数据视图(Data View)中,可以对数据进行查询、检索、编辑和分析等各种操作(图1-2-7),但不包括地图辅助要素。

图1-2-7　数据视图对应的Tools显示工具

2.布局视图

在布局视图(Layout View)中,可以对标题、图例、比例尺、指北针、文本等地图辅助要素进行调整与编辑(图1-2-8)。

图1-2-8　布局视图对应的Layout显示工具

二、ArcCatalog简介与使用

ArcCatalog是一个空间数据资源管理器,它以数据为核心,用于定位、浏览、搜索、组织和管理空间数据。利用ArcCatalog还可以创建和管理数据库,定制和应用元数据,从而简化用户组织、管理和维护数据的工作(图1-2-9)。

图1-2-9　ArcCatalog工作界面

ArcCatalog主要由左、右两个面板组成。左面板中显示的是目录树,用于浏览和组织数据;右面板用于显示目录树中当前选中目录下的分支。

三、ArcScene简介与使用

ArcScene是一个适合于展示三维透视场景的平台，可以在三维场景中漫游，并与三维矢量与栅格数据进行交互（图1-2-10）。

ArcScene是基于OpenGL的，支持TIN数据显示。显示场景时，ArcScene会将所有数据加载到场景中，矢量数据以矢量形式显示，栅格数据会默认降低分辨率来显示，以提高效率。

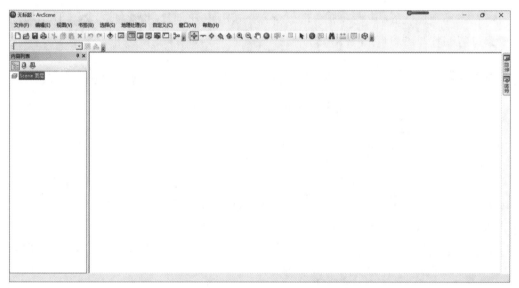

图1-2-10　ArcScene工作界面

第三节　ArcGIS数据类型

一、数据类型

通用的ArcGIS数据类型有两种：矢量数据与栅格数据。

（一）矢量数据

矢量数据以点的形式来存储几何对象的信息，这些点通常通过直角坐标系中的x、y坐标进行定义，所以，线和面也可以看成是点的集合。矢量数据能够精确地描述物体的形状、大小以及它们的相对位置关系。矢量数据的最小单位是点，矢量数据中的点、线、面往往是离散的。矢量数据的非拓扑模型有shp，拓扑模型有coverage、TIN、gdb。

(二)栅格数据

栅格数据就是将空间分割成有规律的网格,每一个网格称为一个单元,并在各单元上赋予相应的属性值来表示实体的一种数据形式。

在栅格数据中,点实体由一个栅格像元来表示;线实体由一定方向上连接成串的相邻栅格像元表示;面实体(区域)则由具有相同属性的相邻栅格像元的块集合来表示。

栅格数据中,最小的单位是像元。栅格数据是连续的。常见的卫星影像图或者图片形式的电子地图,都属于栅格数据,如esri、tiff、jpeg、gitif(有坐标)等。

前面提到的用Bigemap客户端下载的卫星影像图就是栅格数据,用标绘工具采集的秋瑾墓和林和靖墓以及孤山路、孤山岛的shp数据则属于矢量数据。在地理信息系统中,矢量数据和栅格数据是常用的、基本的两种数据。

此外,还有一种TIN数据。TIN全称不规则三角网,也叫不规则三角表面,是采用一系列不规则的三角点来建立表面。例如,每一个采样点有一对x、y坐标和一个表面值(z值),这些点被一组互不重叠的三角形的边所连接,从而构成一个表面。TIN数据是空间分析和三维分析重要的数据格式,以文件的形式存储在磁盘中。

二、数据文件类型

(一)Shapefile文件

在Shapefile文件中,只能存放点、线、面三种类型的几何图形,不能存放拓扑结构以及弧形、圆弧形的图形。它包括三种形式,即存储空间数据的.shp文件、存储属性数据的.dbf表、储存空间数据与属性数据关系的.shx文件。Shapefile文件是常用的文件类型。

(二)个人地理数据库(.mdb)

个人地理数据库(.mdb),有存储空间和平台限制,一般不使用。

(三)文件地理数据库(.gdb)

文件地理数据库(.gdb),可以包含许多的文件夹,无数量限制。它可以跨平台操作,磁盘占用空间小,容量较大。包括栅格数据集、数据关系类、要素类、对象类、要素数据集(相当于子文件夹,必须采用同一坐标系)。

历史地理信息中的数据也以矢量数据为主,如哈佛大学、复旦大学等机构网站中发布的历史数据很多是shp格式。

操作题

1. 利用卫星地球客户端绘制简单的校园地图,并导出数据保存。
2. 在哈佛大学、复旦大学等机构网站中搜集一些历史地理基础数据。
3. 将搜集到的历史地理基础数据添加到 ArcMap 中进行观察。

第二章
ArcMap 文档的创建及矢量数据的创建与编辑

学习目的

(1) 掌握 ArcMap 文档的创建。
(2) 掌握已有数据导入 ArcMap 的操作。
(3) 掌握矢量数据的创建。
(4) 掌握矢量数据的修改、字段添加、移动、复制和删除。
(5) 掌握数据的保存和文档的保存。

学习要求

(1) 下载一种历史地理数据,并建立相关主题的 ArcMap 文档。
(2) 在 ArcGIS 中进行数据的创建、编辑和文档保存操作。

第一节　ArcMap 文档的创建

ArcGIS 桌面系统中,包括 ArcMap、ArcCatalog、ArcScene、ArcGlobe 等模块化的程序,其中,ArcMap 最为常用,它是数据输入、编辑、查询和分析以及地图制图、地图分析的主要程序。

一、空白 ArcMap 文档的创建

(一) ArcMap 文档的启动和创建

点击 Windows 任务栏【开始】按钮,在任务程序中找到【ArcGIS】,在下拉菜单中找到【ArcMap】,左键鼠标单击即可启动。

ArcMap 有常用的两种文档创建方式。

（1）ArcMap启动后，会自动打开对话框。在对话框中，左键单击【我的模板】，选择【空白地图】，左键单击【确定】按钮，文档创建完成（也可以使用软件提供的模板创建）。

（2）在ArcMap中，单击工具栏左上角的按钮，或者单击【文件】，选择【新建】，打开【新建文档】对话框，创建地图文档。

（二）ArcMap文档的窗口界面和坐标系的选择、设定

空白的ArcMap窗口主要由四个部分构成：最上面是工具栏，左面是【内容列表】和数据框、图层组、图层窗口，中间是主窗口，右侧是目录窗口（图2-1-1）。

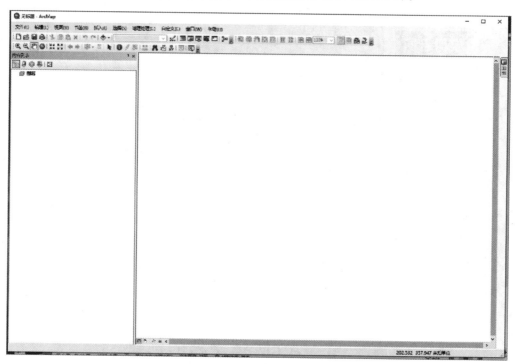

图2-1-1　ArcMap文档的主窗口界面

通过添加矢量数据和栅格数据，可以在主窗口中显示数据和地图。但是在添加和导入数据前，都要进行文档的坐标系选择和设定。比较常用的坐标系统有两种：大地坐标系和投影坐标系。下面以常用的大地坐标系中的1984为例。

首先找到左侧【内容列表】下的【图层】按钮，鼠标右键单击，在弹出的对话框中找到最后一排的【属性】按钮（图2-1-2）。鼠标左键单击后，弹出【数据框属性】对话框，选择【单击坐标系】按钮（往往会默认弹出）。

然后找到【地理坐标系】按钮（图2-1-3），双击鼠标左键，然后下拉选择【World】按钮（图2-1-4），展开下拉，选择"WGS 1984"，点击【确定】按钮（图2-1-5）。这样，地理坐标系"WGS 1984"就设定好了。

注意：在数据导入和数据、文档编辑中，一般不要随意更换坐标系。

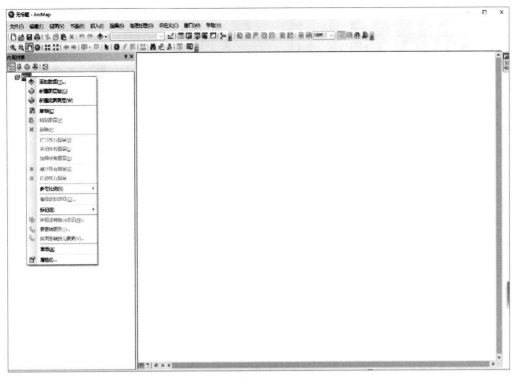

图 2-1-2 【图层】对话框

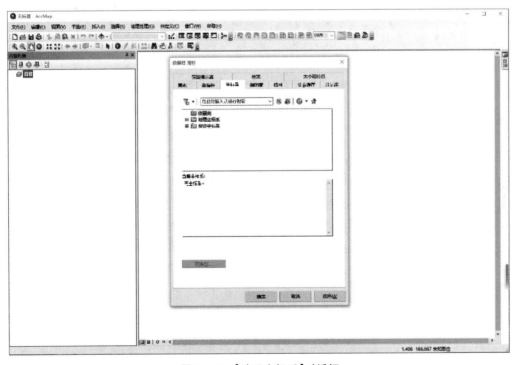

图 2-1-3 【地理坐标系】对话框

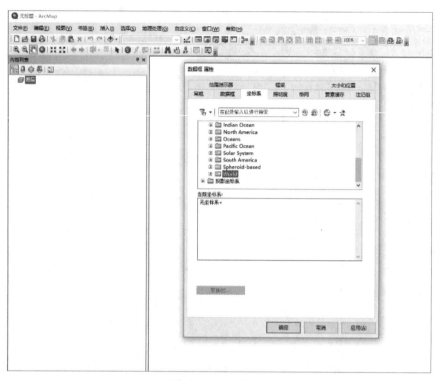

图 2-1-4 在【地理坐标系】中找到"World"

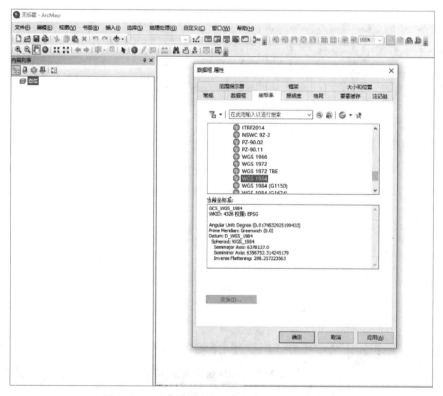

图 2-1-5 在【地理坐标系】中找到"WGS 1984"

二、已有基础矢量数据导入 ArcMap

随着历史 GIS 的发展,已经有一些经过编制的矢量数据和数据表,这些矢量数据和数据表都可以导入或者添加到 ArcMap 中,进行浏览、查询或者编辑。对于中国古代史而言,目前最基础的历史地理信息数据就是复旦大学编制的"中国历史地理信息系统"数据,目前已经发布的是第六版,即 CHGIS 6.0。在哈佛大学网站上,可以免费下载这些数据。这套数据的格式就是 shp 格式,包括中国历代各级政区治所的点数据、各级政区边界的线数据和各级政区的面数据。本书编写者已提供了唐长安城的地理数据,暂以唐长安城地理数据的添加为例。

(一)准备工作

首先,通过相关网站(https://ping6571.cn/)下载唐长安城地理数据压缩包,保存、解压后重命名为"唐长安城地理数据"。然后,新建、打开一个 ArcMap 文档,设定坐标系为大地坐标系"WGS 1984"。

(二)添加数据

数据添加有两个最常用的方式:一是从工具栏中的【添加数据】按钮进行添加;二是通过【内容列表】下的【图层】进行添加。

1. 通过工具栏【添加数据】按钮添加数据

在工具栏中找到 ✦ 按钮,单击后弹出对话框(图 2-1-6)。在对话框的第一排工具栏中找到【连接到文件夹】按钮(图 2-1-7),点击引导到"唐长安城地理数据"存放的路径,即 G 盘的"历史 GIS 练习数据"文件夹内,然后点击【连接到文件夹】对话框中的【确定】按钮。

图 2-1-6　ArcMap 中【添加数据】按钮

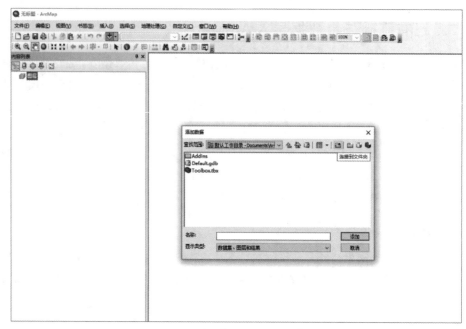

图 2-1-7　找到【连接到文件夹】按钮

这时,【添加数据】对话框中显示出"历史 GIS 练习数据"文件夹内的文件,可以看到"唐长安城地理数据"文件夹(图 2-1-8)。

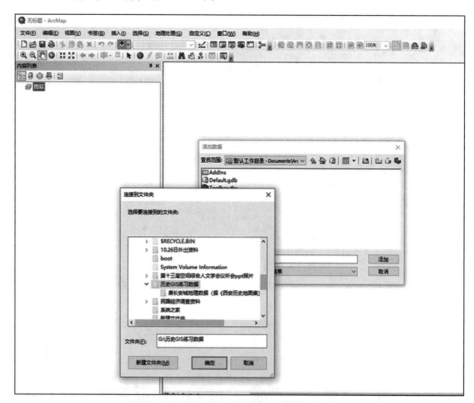

图 2-1-8　连接到"唐长安城地理数据"文件夹

连接到需要添加的数据文件夹后,单击文件夹(图2-1-9),打开后会看到很多图层数据,如住宅、宫墙、宫禁区、城区、坊区、商业区等。这时,既可以通过单击数据进行单选,也可以拖动光标或者按Ctrl键后进行多选。选择完成后,被选择的数据颜色变深,然后点击【添加数据】按钮(图2-1-10)。这样,被选中的数据就会出现在ArcMap的主窗口。同时,一般图层形式和名称以层叠的方式出现在【内容列表】窗口(图2-1-11)。

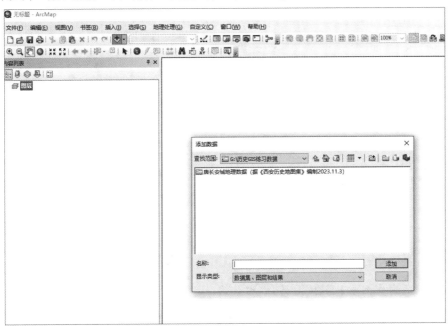

图2-1-9 添加"唐长安城地理数据"

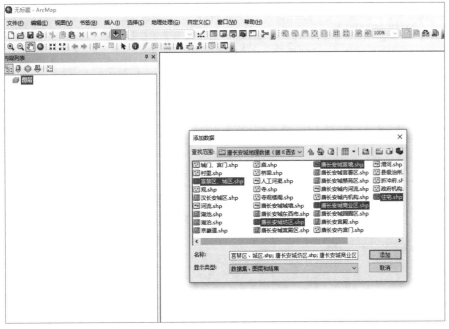

图2-1-10 选择文件夹内的数据

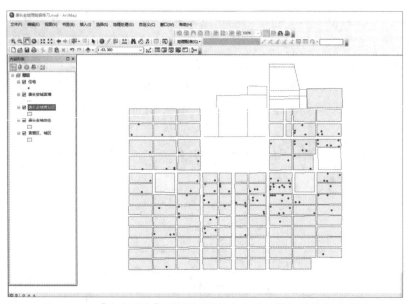

图 2-1-11 【内容列表】下的图层目录中出现被添加的数据或图层

如果主窗口中的数据缩成一个小点时,可以在工具栏中找到【手型】按钮,对数据进行平移,然后选择【放大】按钮,左键按住【放大】按钮,斜拉后放开,就可以使数据图层一步步放大。【缩小】按钮的操作类似。

2. 通过【内容列表】下的【图层】添加数据

找到【内容列表】,右键单击【图层】按钮(图 2-1-12),弹出下拉框对话框,找到【添加数据】按钮(图 2-1-13),后面的操作与通过工具栏中的【添加数据】按钮添加数据所余步骤相同。

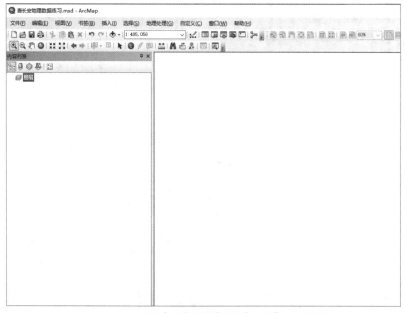

图 2-1-12 通过【内容列表】下的【图层】添加数据

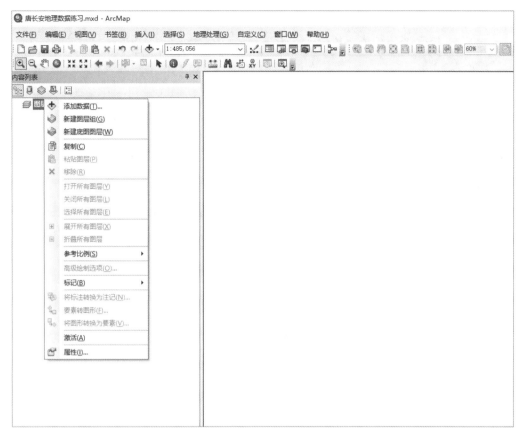

图 2-1-13 【图层】下的【添加数据】按钮

数据的符号样式、颜色和透明度、数据框、图例、比例尺等都能进行调整,具体操作见第四章相关内容。

三、ArcMap 文档的保存

如果要停止 ArcMap 文档的数据处理,可以在工具栏中找到【保存】按钮,点击【保存】按钮(图2-1-14),这时会弹出对话框,提示文档保存路径和文件命名。根据提示引导至G盘内"历史GIS练习数据"文件夹下,将"无标题.mxd"命名为"唐长安城地理信息练习.mxd",点击【保存】按钮(图2-1-15)。这样,就形成了一个ArcMap文档。当下次打开这个文档时,文档的显示状态就是上一次关闭时的状态。

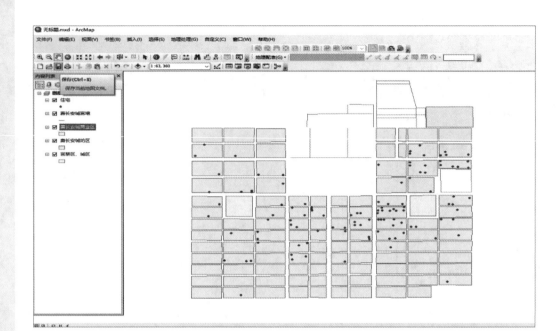

图 2-1-14　文档【保存】按钮

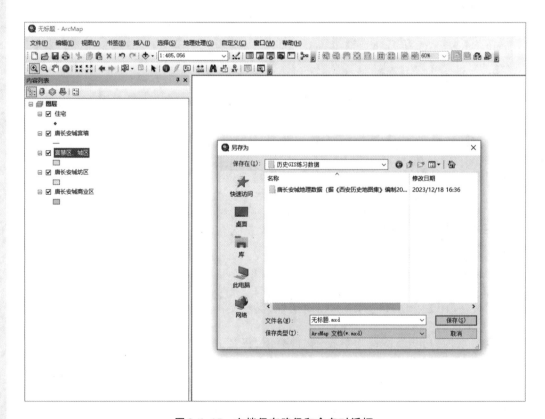

图 2-1-15　文档保存路径和命名对话框

第二节 矢量数据的创建

在地图图片的数据化处理过程中,为了提取和修改地图图片中的地图要素,会将其转换为矢量数据,这自然需要进行矢量数据的创建和编辑操作。本节我们以《西安历史地图集·唐长安城图》的矢量数据创建与编辑为例来介绍操作过程。

创建的矢量数据一般分为点、线、面三种类型。在创建之前,首先要明确所创建矢量数据的要素。这里选取三个例子进行操作展示,其中,点要素为唐长安城的道观,线要素为唐长安城城墙,面要素为唐长安城里坊。数据创建的常用方式有两种:一种是在ArcCatalog模块中创建,另一种是在ArcMap目录窗口中创建。

一、矢量数据创建方法一:在ArcCatalog中创建

(一)点要素的创建

(1)先在桌面新建文件夹,命名为"唐长安城的道观"。

(2)打开ArcCatalog,鼠标左键单击【文件】,选择【连接到文件夹】—"唐长安城的道观"(图2-2-1)。

图2-2-1 窗口显示的连接文件夹

(3)在空白处鼠标右击,选择【文件】—【新建】—【Shapefile(S)…】。

(4)在"创建新Shapefile"控制面板中将名称更改为"唐长安城的道观",要素类型选择"点",点击【编辑】,选择地理坐标系"GCS_WGS_1984",点击【确定】按钮(图2-2-2、图2-2-3、图2-2-4)。

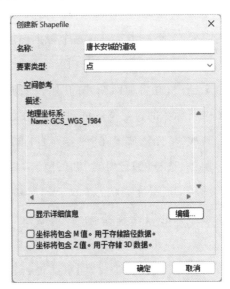

图2-2-2 创建新Shapefile控制面板

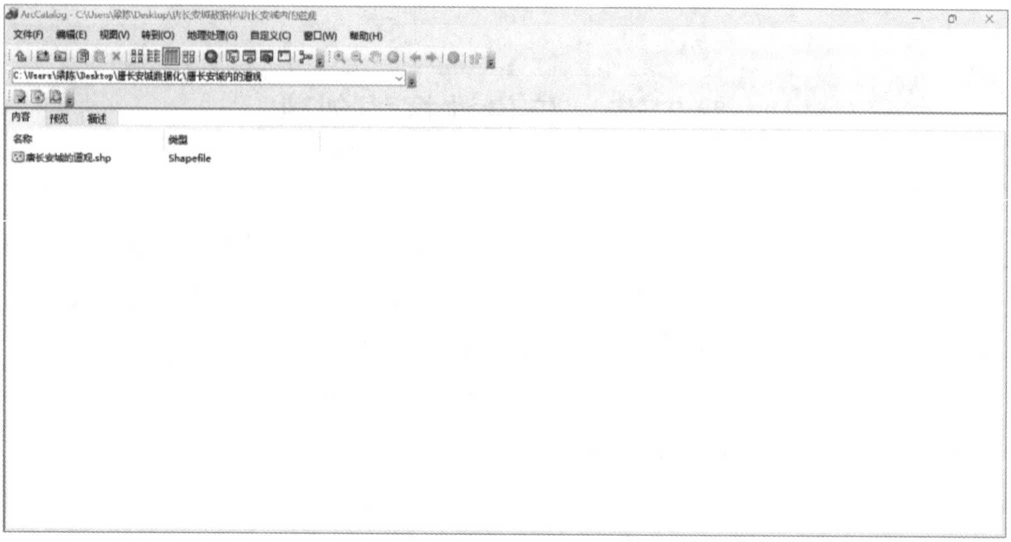

图 2-2-3　操作完成界面

名称	修改日期	类型	大小
唐长安城的道观.cpg	2022/11/22 13:43	CPG 文件	1 KB
唐长安城的道观.dbf	2022/11/22 13:43	DBF 文件	1 KB
唐长安城的道观.prj	2022/11/22 13:43	PRJ 文件	1 KB
唐长安城的道观.shp	2022/11/22 13:43	SHP 文件	1 KB
唐长安城的道观.shx	2022/11/22 13:43	SHX 文件	1 KB

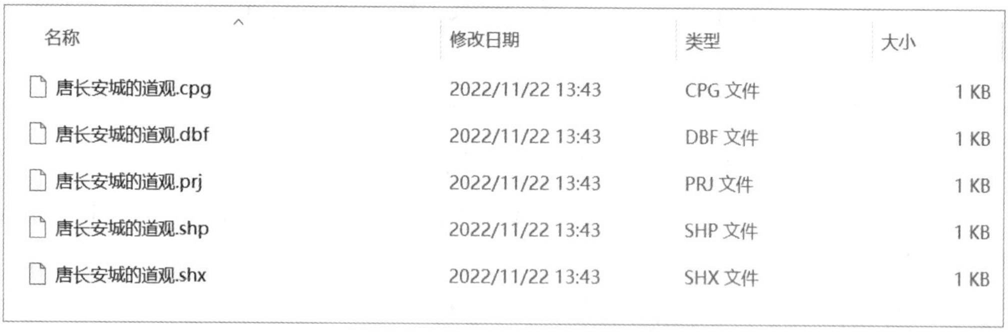

图 2-2-4　打开桌面“唐长安城的道观”文件夹显示的界面

目前所建立的“唐长安城的道观”相当于一个空白的 Word 文档，里面还没有具体的内容要素，下一步就是在这个数据图层中添加要素内容。

首先，将已经配准好的《西安历史地图集》中的唐长安城图片添加到新建的 ArcMap 文档中，并将前面新建的“唐长安城的道观”数据图层添加到文档中，再对照地图底图中所标注的道观位置创建要素（图 2-2-5）。

其次，将光标放置在【内容列表】下的“唐长城的道观”图层上，点击鼠标右键，会弹出下拉条，选择【编辑要素】和【开始编辑】（图 2-2-6）。点击鼠标左键确定，这时，【编辑器】会被打开，呈变亮状态。

然后，找到【编辑器】工具条的最后一个按钮，光标放上去后显示为【创建要素】（图 2-2-7），点击打开。

这时会弹出【创建要素】对话框，鼠标左键单击被编辑图层“唐长安城的道观”，对话框下方的【构造工具】下的【点】按钮会变亮（图 2-2-8）。

Note

第二章　ArcMap 文档的创建及矢量数据的创建与编辑

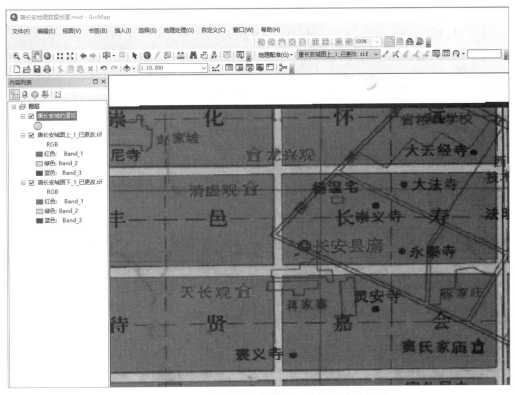

图 2-2-5　添加待创建内容的图层数据和地图底图

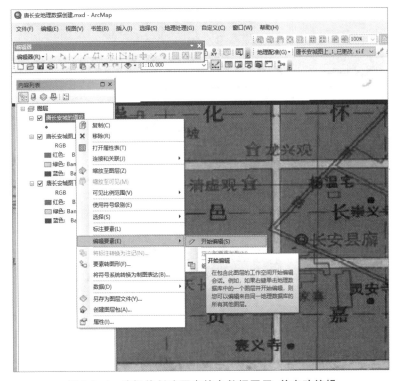

图 2-2-6　选择待创建要素的点数据图层,并启动编辑

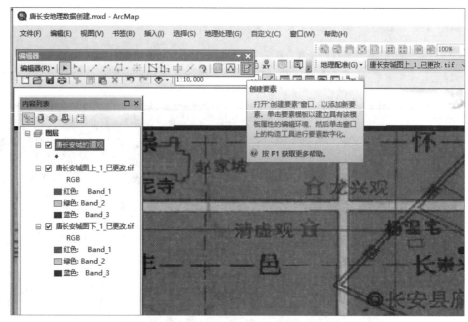

图 2-2-7　找到【编辑器】中的【创建要素】按钮

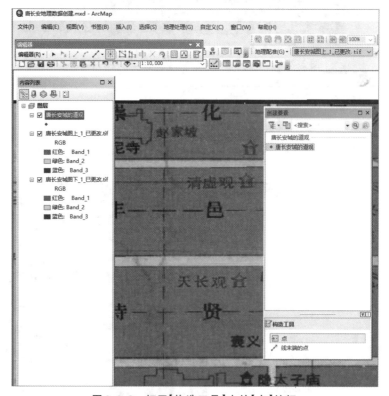

图 2-2-8　打开【构造工具】中的【点】按钮

之后光标变为透明，箭头顶端带有光点，这意味着可以使用光标在对应位置通过点击来添加要素。这时选择底图中的"清虚观"标志位置，点击鼠标左键，会出现原点（图 2-2-9）。

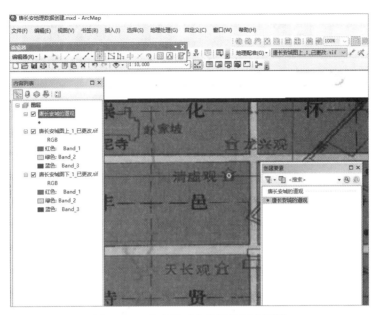

图 2-2-9　在底图对应位置绘制点要素

下一个道观,选择就近的"天长观",单击鼠标左键,添加上点要素。这样,就添加了两处道观的点要素。

最后是对已经完成编辑的数据要素进行保存。找到【编辑器】的第一个按钮,按钮最末端有一个倒三角符号,点击下拉,会出现【保存编辑内容】按钮(图 2-2-10)。

图 2-2-10　找到【编辑器】中的【保存编辑内容】按钮

单击,然后点击【停止编辑】按钮。这样,点要素的内容就得以创建了(图2-2-11)。

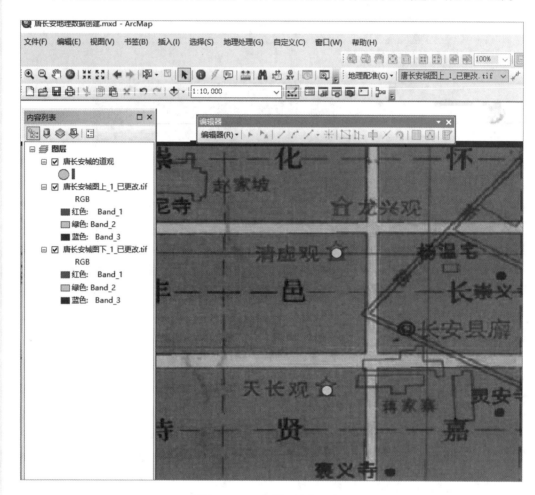

图 2-2-11　已创建的点要素

(二)线要素的创建

(1)先在桌面新建文件夹,命名为"唐长安城城墙"。

(2)鼠标左键单击【文件】,选择【连接到文件夹】—"唐长安城城墙"(图2-2-12)。

图 2-2-12　窗口显示的连接文件夹

(3)鼠标右击空白处,选择【新建】—【Shapefile(S)…】。名称更改为"唐长安城城墙",要素类型选择"折线",点击【编辑】,选择地理坐标系"GCS_WGS_1984",点击【确定】按钮。完成后,打开桌面"唐长安城城墙"文件夹(图2-2-13至图2-2-17)。

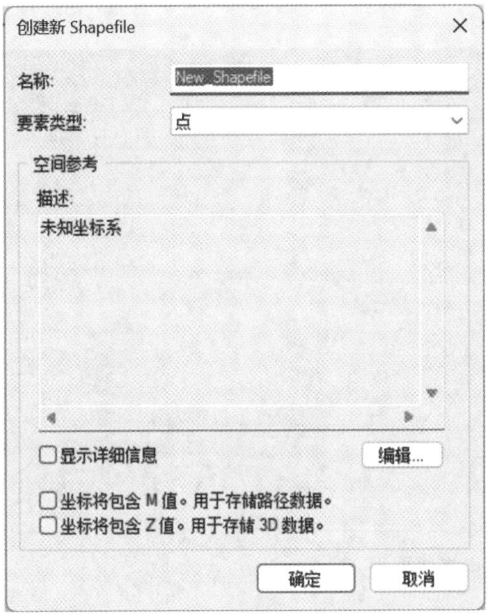

第二章 ArcMap 文档的创建及矢量数据的创建与编辑

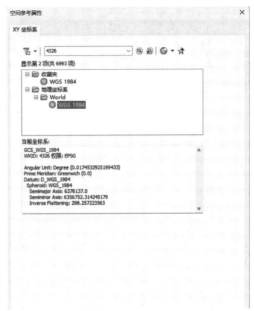

图 2-2-13 【创建新 Shapefile】文件操作框　　图 2-2-14 选择地理坐标系"WGS 1984"界面

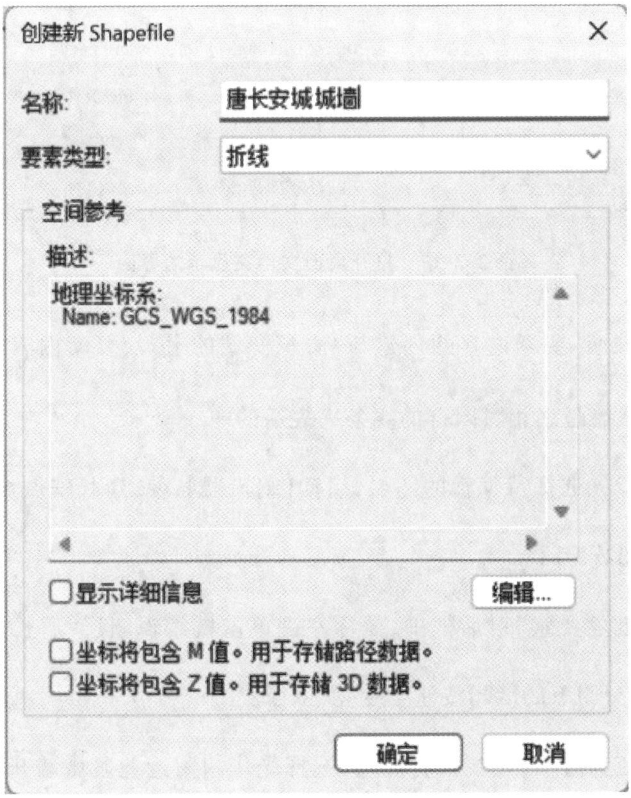

图 2-2-15 【创建新 Shapefile】对话框

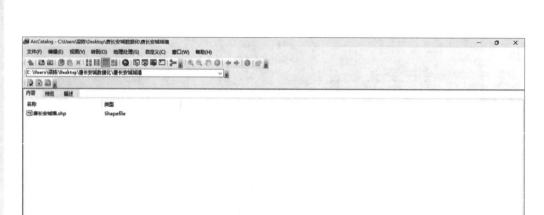

图 2-2-16　操作完成界面

名称	修改日期	类型	大小
唐长安城墙.cpg	2022/11/21 20:51	CPG 文件	1 KB
唐长安城墙.dbf	2022/11/21 20:51	DBF 文件	1 KB
唐长安城墙.prj	2022/11/21 20:51	PRJ 文件	1 KB
唐长安城墙.shp	2022/11/21 20:51	SHP 文件	1 KB
唐长安城墙.shx	2022/11/21 20:51	SHX 文件	1 KB

图 2-2-17　打开桌面文件夹显示的界面

"唐长安城城墙"要素内容的创建与"唐长安城的道观"要素内容创建方法非常接近，差别就在于城墙是用相对闭合的线条来表示的。

同样，第一步先选择待编辑的图层，启动【编辑器】，使"唐长安城城墙"线要素处于开始编辑状态（图 2-2-18）。

在弹出的【创建要素】对话框中，鼠标左键单击被编辑图层"唐长安城城墙"，对话框下方的【构造工具】下的【线】按钮会变亮（图 2-2-19）。

此时，光标变为透明，顶端带有光点，选择光华门附近北段城墙开始创建。在光华门处按下鼠标左键，然后向右沿着底图上的城墙位置拖动鼠标，在城墙玄武门处双击后，松开左键，这时就会出现一条发亮的线段（图 2-2-20）。

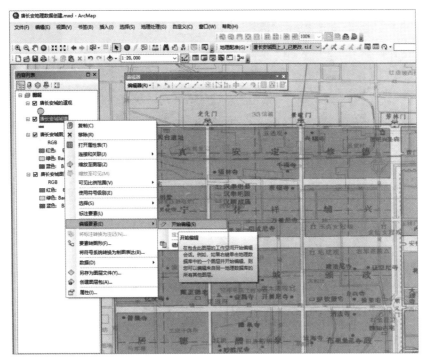

图 2-2-18　添加待编辑的线要素图层，启动编辑

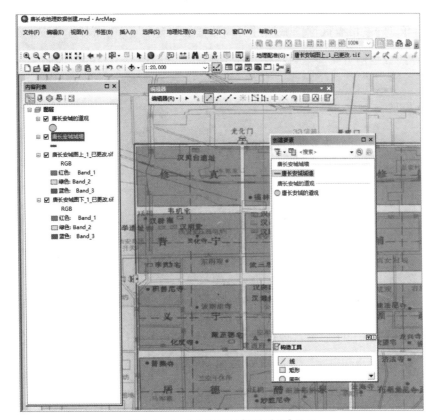

图 2-2-19　【构建工具】下的【线】按钮

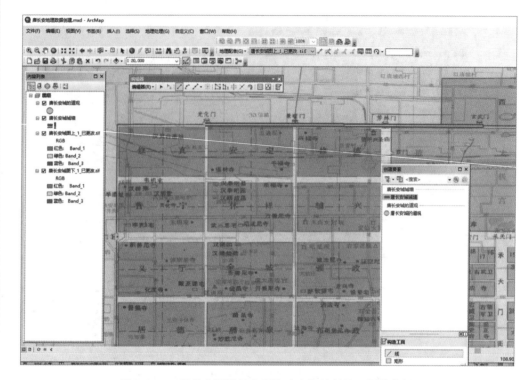

图 2-2-20　沿着底图城墙位置拖动光标绘制的一段线数据

然后可以继续沿着底图的城墙进行线数据的创建,当双击鼠标左键时,编辑中止。最后,保存线数据的方式与点数据保存相同。

(三) 面要素的创建

(1) 同点、线要素创建方法,可以先在桌面新建文件夹,命名为"唐长安城里坊"。

(2) 点击【文件】,选择【连接到文件夹】—"唐长安城里坊"(图 2-2-21)。

图 2-2-21　窗口显示的连接文件夹

(3) 右击空白处,选择【新建】—【Shapefile(S)…】。名称更改为"唐长安城里坊",要素类型选择"面",点击【编辑】,选择地理坐标系"GCS_WGS_1984",点击【确定】按钮。完成后,打开桌面"唐长安城里坊"文件夹(图 2-2-22 至图 2-2-24)。

第二章　ArcMap 文档的创建及矢量数据的创建与编辑　　037

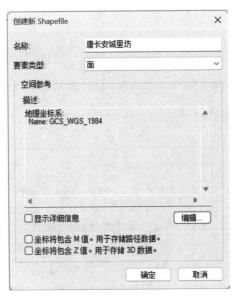

图 2-2-22　名称、要素类型、空间参考选择后的界面

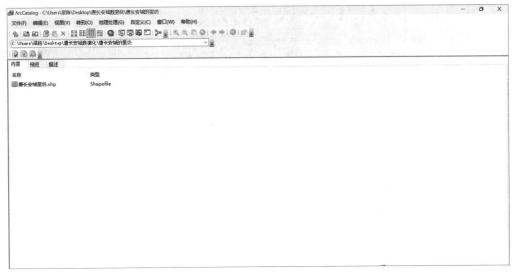

图 2-2-23　操作完成界面

名称	修改日期	类型	大小
唐长安城里坊.cpg	2022/11/22 13:54	CPG 文件	1 KB
唐长安城里坊.dbf	2022/11/22 13:54	DBF 文件	1 KB
唐长安城里坊.prj	2022/11/22 13:54	PRJ 文件	1 KB
唐长安城里坊.shp	2022/11/22 13:54	SHP 文件	1 KB
唐长安城里坊.shx	2022/11/22 13:54	SHX 文件	1 KB

图 2-2-24　打开桌面文件夹显示的界面

创建"唐长安城里坊"面数据要素内容的方式与点和线很接近。

首先,添加新建的"唐长安城里坊"图层,启动【编辑器】,进入编辑状态。在弹出的【创建要素】对话框中,鼠标左键单击被编辑图层"唐长安城里坊",对话框下方的【构造工具】下的【面】按钮会变亮(图 2-2-25)。

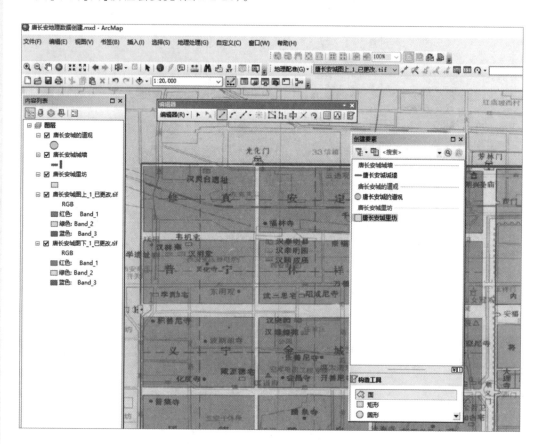

图 2-2-25 【构造工具】下的【面】按钮

再选择长安城西北角的修真坊来创建里坊要素。先将光标放在修真坊外围边线的某处,作为起点,然后顺着外围拖动光标,在折点处单击,继续拖动,直到线段回到起点时双击,这样就形成了一个面数据(图 2-2-26)。注意在面数据的绘制中,线条一定要形成闭合。

面要素的保存与点和线完全相同。

通过点、线、面的数据要素创建,就可以形成唐长安城的基本地理数据了(图 2-2-27)。

第二章 ArcMap 文档的创建及矢量数据的创建与编辑

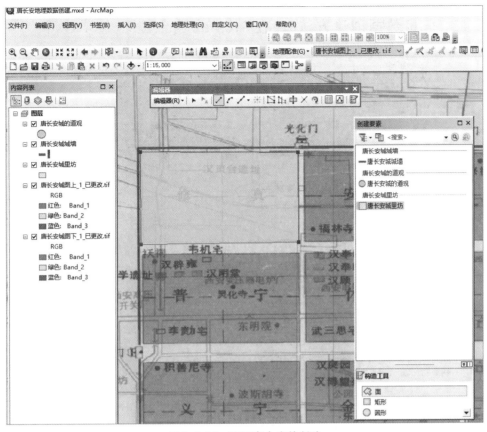

图 2-2-26 面要素内容的创建

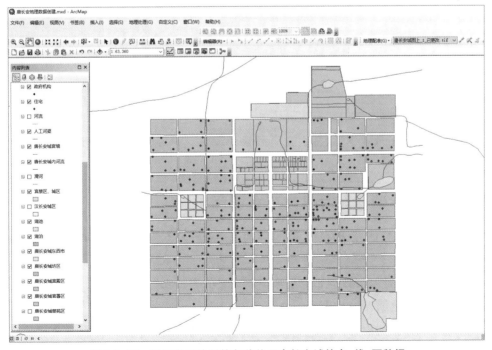

图 2-2-27 根据底图绘制的各种关于唐长安城的点、线、面数据

二、矢量数据创建方法二：在ArcMap中创建

（一）点要素的创建

（1）点击【目录】按钮，打开"目录窗口"。

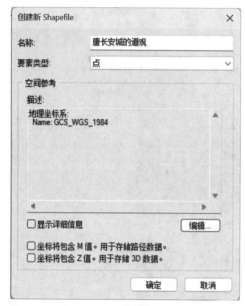

图2-2-28　名称、要素类型、空间参考选择后的界面

（2）点击【目录窗口】下的 【连接到文件夹】—"唐长安城的道观"。

（3）右击"唐长安城城墙"文件夹—【新建】—【Shapefile(S)…】。名称更改为"唐长安城的道观"，要素类型选择"点"，点击【编辑】，选择地理坐标系"GCS_WGS_1984"，点击【确定】按钮（图2-2-28）。

（二）线要素、面要素的创建

线要素、面要素的创建步骤与点要素的创建步骤相同。如创建线要素，只需要在【创建新Shapefile】操作窗口中更改名称，选择要素类型为"折线"即可；创建面要素，选择要素类型为"面"。

第三节　矢量数据属性内容的填充

在创建完成矢量数据后，即可进行要素的编辑。在编辑过程中，涉及属性字段的添加和修改等内容。

一、点要素的绘制与属性内容填充

打开ArcMap软件，鼠标左键单击【添加数据】—"唐长安城配准过的图片"（古旧地图配准参见第三章）。

鼠标左键单击【添加数据】，分别添加创建过的唐长安城的道观、唐长安城城墙、唐长安城里坊矢量数据（图2-3-1）。

先来看点数据的内容创建。右击【内容列表】下的【唐长安城的道观】—【打开属性表】，可以发现以下几个字段（图2-3-2）。

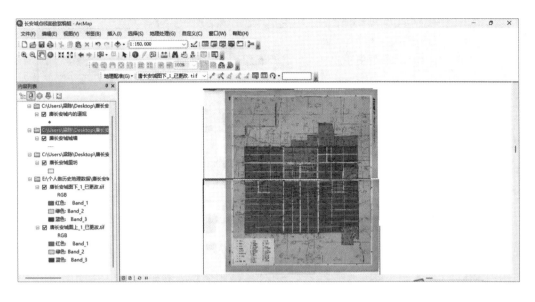

图 2-3-1 【添加数据】显示页面

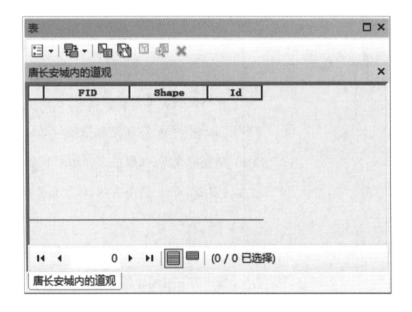

图 2-3-2 【打开属性表】显示页面

点击 【表选项】—【添加字段】,输入名称"nane",类型选择"文本",长度为"10",点击【确定】按钮(图 2-3-3)。

注意:字段可以以同样的方式进行添加,然后调整字段的类型、长度等。

再次打开属性表,会发现已经出现"name"字段(图 2-3-4)。

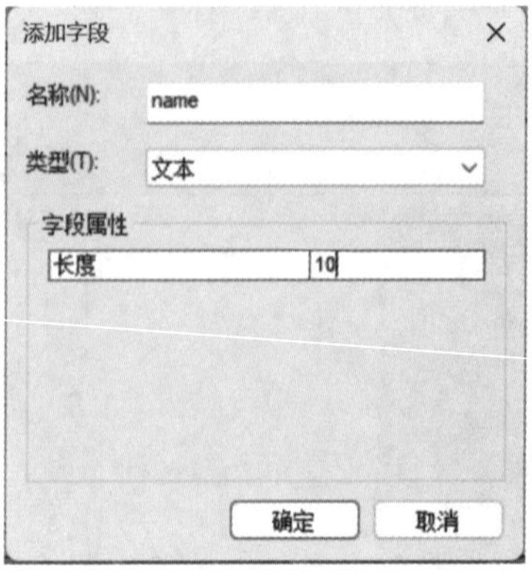

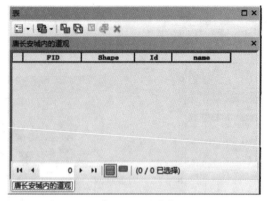

图2-3-3 【添加字段】操作页面   图2-3-4 【查看属性表】显示页面

右击【内容列表】下是"唐长安城的道观"，选择【编辑要素】—【开始编辑】。

点击"编辑器"工具条中的 ，会弹出【创建要素】页面。点击"唐长安城的道观"—"构造工具"下的"点"(图2-3-5)。

如需要编辑图中的"玉芝观、玄都观"等，鼠标左键点击玉芝观位置点，在弹出的属性表的"name"栏输入"玉芝观"；然后鼠标左键点击玄都观位置点，在属性表"name"栏输入"玄都观"(图2-3-6)。其他道观，依次重复操作，不再一一展示。

完成编辑后，点击【编辑器】，选择【保存编辑内容】—【编辑器】—【停止编辑】。

如需标注，显示道观名称，先右键点击【内容列表】下的"唐长安城的道观"—【图层属

图2-3-5 弹出的【创建要素】页面

性】—【标注】，标注字段选择"name"，点击【确定】按钮。再次右键点击【内容列表】下的"唐长安城的道观"—【标注要素】，即可显示道观名称(图2-3-7、图2-3-8)。

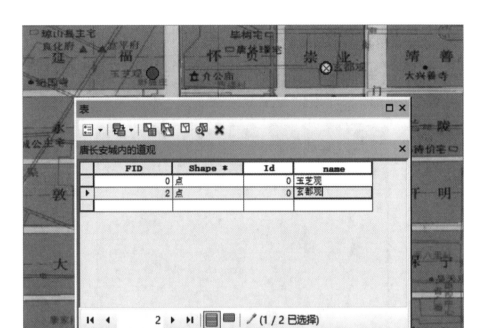

图 2-3-6　编辑"玉芝观、玄都观"点数据示意

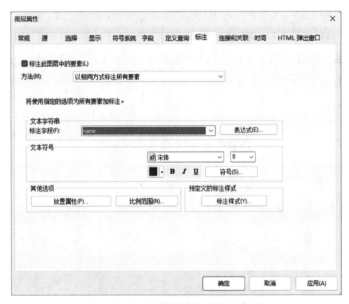

图 2-3-7　调整属性标注栏示意图

图 2-3-8　标注后显示的道观名称

二、线要素的绘制与属性内容填充

鼠标右键点击【内容列表】下的"唐长安城的道观"—"唐长安城城墙",可以发现以下几个字段(图2-3-9)。

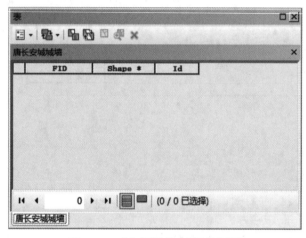

图2-3-9 【打开属性表】显示页面

点击【表选项】 —【添加字段】,可以根据自己的数据需要添加字段,如名称、城墙长度之类的。我们在这里选择暂不添加字段。

鼠标右键点击【内容列表】下的"唐长安城城墙"—【编辑要素】—【开始编辑】。点击"编辑器"工具条中的 ,会弹出【创建要素】页面。点击"唐长安城城墙"—"构造工具"下的"线"(图2-3-10)。

图2-3-10 弹出的【创建要素】页面

如我们示意编辑唐长安城外郭城西南角位置的两段城墙,左键依次点击进行编辑(图2-3-11)。其他段城墙,依次重复操作,不再一一展示。

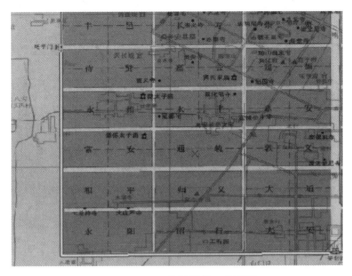

图2-3-11　示意编辑的两段城墙

完成编辑后,点击【编辑器】—【保存编辑内容】—【编辑器】—【停止编辑】。

三、面要素的绘制与属性内容填充

鼠标右键【内容列表】下的"唐长安城里坊",可以发现以下几个字段(图2-3-12)。

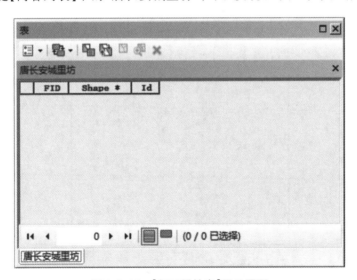

图2-3-12　【打开属性表】显示页面

单击【表选项】 —【添加字段】,输入名称"name"、类型"文本"、长度"10",点击【确定】按钮。再次打开属性表,会发现已经出现"name"字段(图2-3-13)。

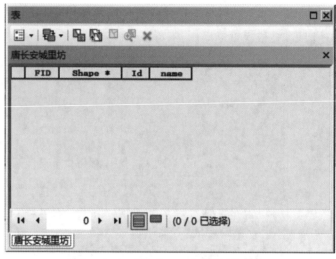

图2-3-13　添加"name"字段后的页面

鼠标右击【内容列表】下的"唐长安城里坊"—【编辑要素】—【开始编辑】。点击"编辑器"工具条中的 ，会弹出【创建要素】页面。点击"唐长安城里坊"—"构造工具"下的"面"（图2-3-14）。

图2-3-14　弹出的【创建要素】页面

如需要编辑图中的"和平坊、归义坊"等,左键绘制和平坊的范围,在属性表"name"一栏输入"和平"。然后左键绘制归义坊的范围,在属性表"name"栏输入"归义"。其他坊,依次重复操作,不再一一展示。

完成编辑后,点击【编辑器】—【保存编辑内容】—【编辑器】—【停止编辑】。

四、ArcGIS数据字段类型

(一)短整型

1个符号位、15个二进制位,范围在-32000—32000,用于表示位数≤32768的整数。

(二)长整型

1个符号位、31个二进制位,范围在-2000000000—2000000000,用于表示位数>32768的整数。

(三)浮点型

1个符号位、7个指数位、24个小数位。

(四)双精度型

1个符号位、7个指数位、56个小数位。用于表示小数点后位数较长的小数,表示十分精确。

(五)文本型

数字字符存储为字节,用于表示字母、汉字等字符、名称等。

(六)日期型

日期值基于标准时间格式存储。

(七)BLOB

BLOB(大型二进制对象),复杂对象,如影像和视频。

第四节 矢量数据的选择

前面讲解了点、线、面数据的创建和基本属性内容的填充,这是矢量数据创建的基本操作。对于矢量数据的编辑,还包括删除、移动、复制与粘贴、字段修改等内容,在进行这些步骤之前,需要掌握数据的选择操作,或者是数据筛选,即对编辑对象进行选择,这是数据编辑的前提步骤。数据的选择操作主要有两种方式:一种是利用【选择】按钮选择,另一种是利用属性表进行选择。

一、利用【选择】按钮选择

打开一个ArcMap文档后,在工具栏中会发现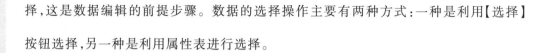按钮,即【选择】按钮。下拉右边的倒三角,会出现选择方式的多种选项:按矩形选择、按多边形选择、按套索选择、按圆选择、按线选择(图2-4-1、图2-4-2)。鼠标左键单击选择一种,如选择"按矩形选择"后,按钮变亮,进入待选状态。

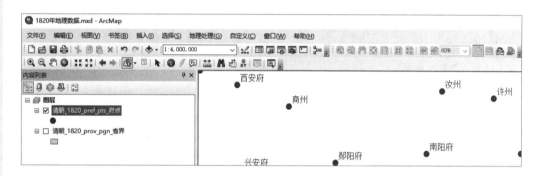

图2-4-1　点击【选择】按钮

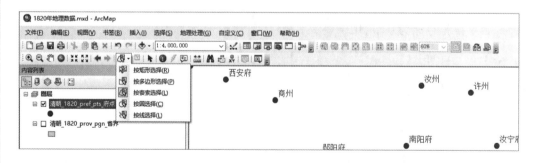

图2-4-2　【选择】按钮的下拉框显示

将光标放至主窗口,若对待选图层1820年地理数据中的湖北省内府的治所点数据进行选择,则按住左键拖动,光标出现矩形框,将待选的治所点放置于矩形框后,松开鼠标左键,这时原来矩形框内的点数据变为亮色,表示数据已经被选定(图2-4-3)。

第二章 ArcMap 文档的创建及矢量数据的创建与编辑

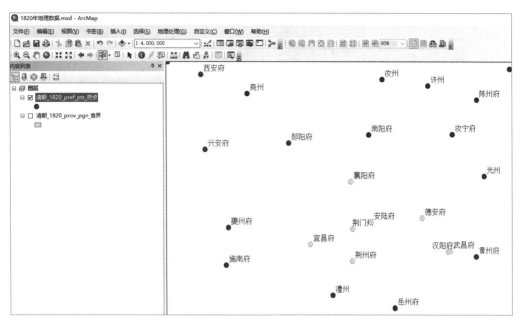

图 2-4-3　要素被选择后变为亮色

如何撤销选择呢？在【选择】按钮旁边，就是【清除所选要素】按钮。当待选图层中未进行选择操作时，这个按钮是灰色的（图 2-4-4）。如果有选择操作时，这一按钮自然变亮，单击后，所选要素就被清除选择。但这时的【选择】按钮仍然显示为待选状态，如果要结束选择操作，再次单击【选择】按钮即可（图 2-4-5）。

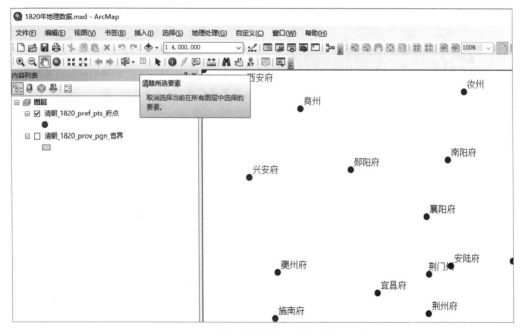

图 2-4-4　【清除所选要素】按钮呈灰色状态

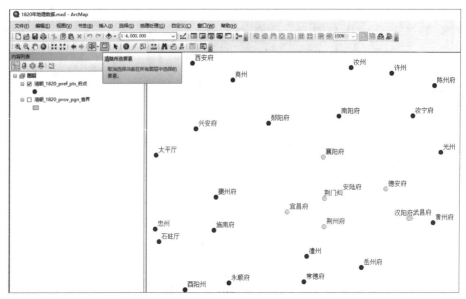

图 2-4-5 【清除所选要素】按钮呈亮色待选状态

二、利用属性表进行选择

矢量数据背后都有一套属性表,属性表可以表示数据的位置和属性内容,所以也可以通过属性表进行查询和选择。同样以1820年湖北省内的襄阳府、安陆府、荆门州、宜昌府、荆州府、汉阳府、武昌府为待选点数据,操作过程如下。

左键单击选择待选图层"清朝_1820_pref_pts",然后右键单击,出现下拉列表,将光标移至【打开属性表】,左键单击,就会打开属性表(图2-4-6、图2-4-7)。

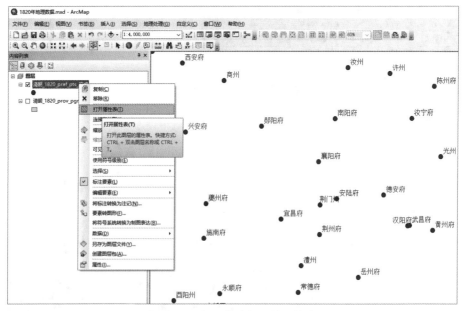

图 2-4-6　打开待选图层的属性表

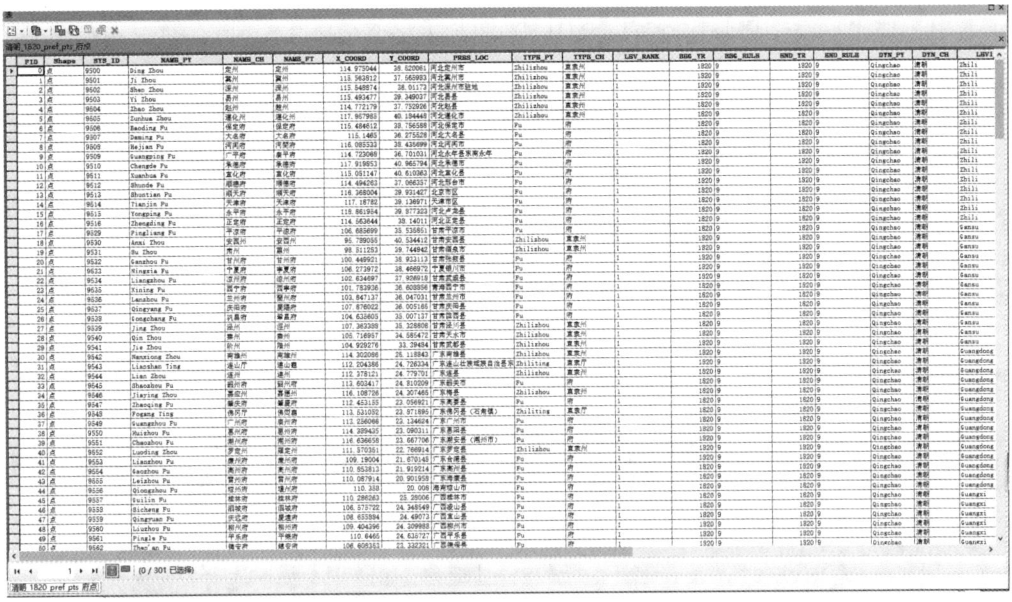

第二章 ArcMap 文档的创建及矢量数据的创建与编辑

图 2-4-7 属性表打开后的界面状态

在属性表的左上角找到按钮 ，光标停留在按钮上时，会显示"按属性选择"。左键单击，出现对话框（图 2-4-8、图 2-4-9）。

图 2-4-8 属性表【按属性选择】界面

图 2-4-9 打开属性表中【按属性选择】对话框

由于该属性表字段较多,其中"NAME_CH"字段表示汉字名称,左键双击该项目,对话框下部空白窗口添加带引号的该字段,然后选择表达式符号"=",再单击"获取唯一值",在中间窗口中找到"襄阳府",点击【应用】,这样襄阳府就会被选定(图2-4-10、图2-4-11)。关闭属性表后,在主窗口能看到颜色变亮的襄阳府点数据。

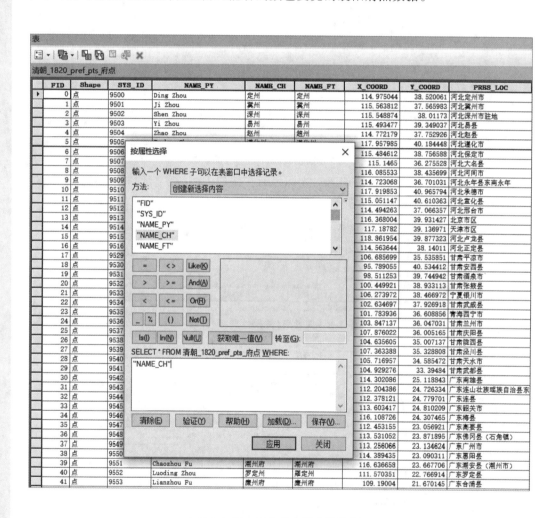

图 2-4-10　属性表中的字段选择

第二章 ArcMap 文档的创建及矢量数据的创建与编辑

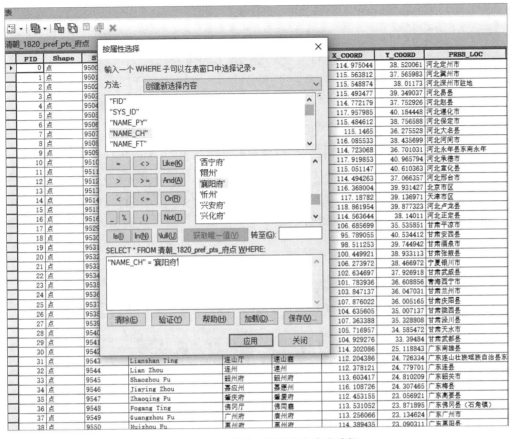

图 2-4-11 属性表中按照字段内容选择

如果要取消选择，单击【清除所选内容】按钮，选择撤销（图 2-4-12）。

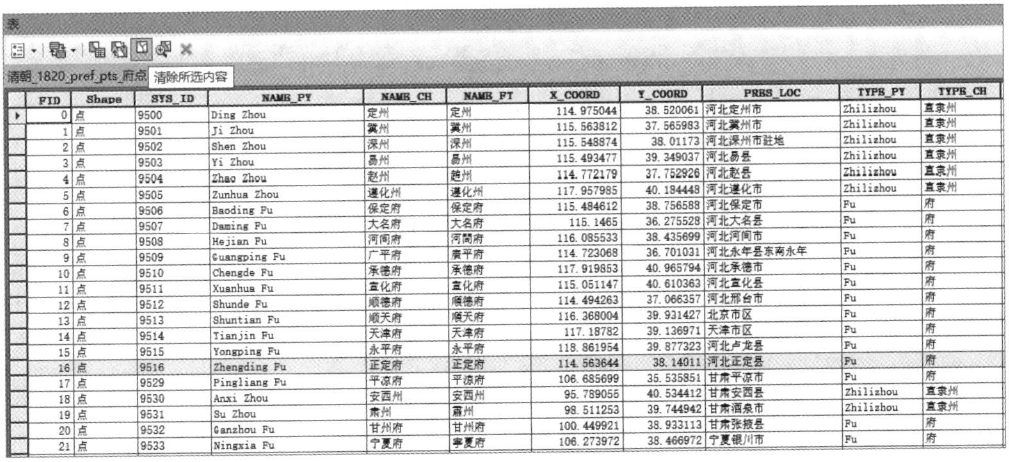

图 2-4-12 属性表中所选内容的清除

第五节 矢量数据的编辑

除了创建数据外,工作中更多遇见的是数据的修改,包括删除、移动、复制、字段修改等操作。如在《中国历史地图集》第六册的秦凤路图中,有学者指出该图中湟州的位置有误,应在今民和县县城以东下川口附近(参考周宏伟论文《北宋河湟地区城堡寨关位置通考》,《中国历史地理论丛》1992年第2期),那么对于根据《中国历史地图集》采集而来的历史数据就可能需要进行相应的修改。下面以该图数据为例,说明点、线、面数据的编辑(图2-5-1)。

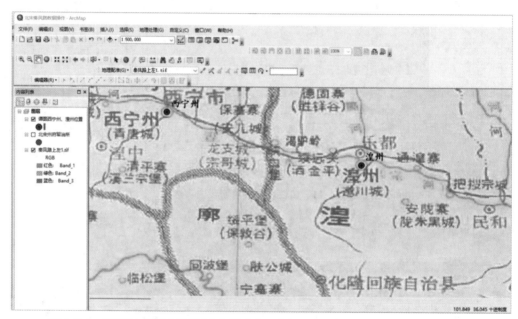

图2-5-1　打开《中国历史地图集》秦凤路图及含数据配准图采集的州府治所数据文档

一、点数据的删除、移动、复制、字段修改

打开添加有秦凤路底图和数据的ArcMap文档,将湟州的点移动至指示位置(下川口城址在民和县县城以东两河交汇口的西南侧)。

首先,启动【编辑器】工具条。右键单击目录列表中"州府治所"图层,选择【编辑要素】—【开始编辑】。这时,编辑器工具条弹出并亮起,该图层及数据进入待编辑状态(图2-5-2、图2-5-3)。

单击编辑器最左边的箭头状的编辑工具按钮,光标随即转变为该箭头形状,然后移动光标至湟州点数据上,单击左键,点数据变亮,表示已经选定。按住鼠标左键不放,轻轻拖动至指定位置,松开左键,湟州点数据的位置就发生了移动。将光标移动至别处,单击鼠标左键,移动操作完成(图2-5-4、图2-5-5)。

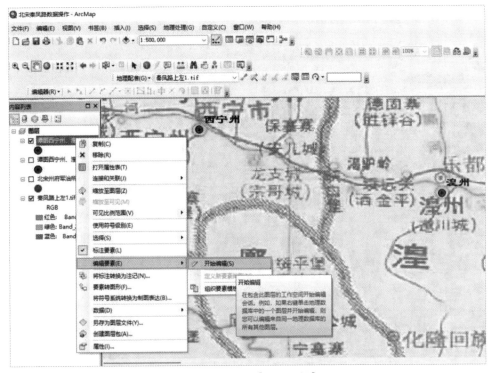

图2-5-2　选择【开始编辑】

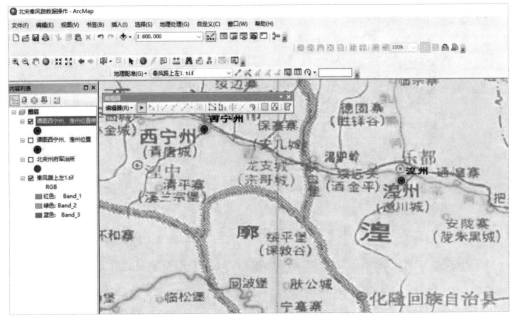

图2-5-3　启动所选图层的编辑

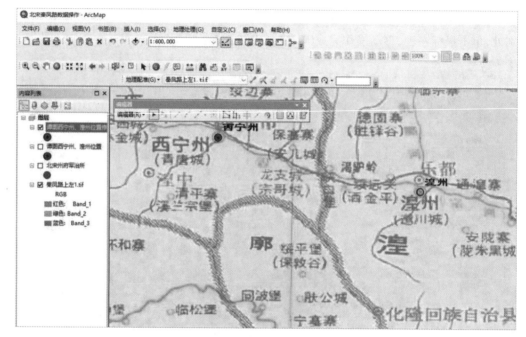

图 2-5-4　用编辑器选择待编辑的点数据

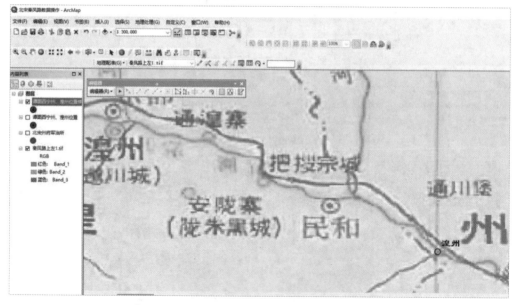

图 2-5-5　移动到指定位置的点数据

如果要删除对应原图位置上的湟州点数据,操作中用编辑器选定的步骤与移动数据相同,选定后单击鼠标右键,这时会弹出对话框,点击【删除】,则数据会被删除。然后,将光标移动至别处单击,删除操作基本完成。

第二章 ArcMap 文档的创建及矢量数据的创建与编辑

当在新建图层中需要从已有数据图层中复制数据时,就会使用到数据的复制与粘贴操作。比如,要单独建立一个仅仅包括秦凤路州府治所的图层,就需要在全国治所的图层中复制秦凤路区域治所点数据,而不需要另外重建,数据复制可以提高数据编制的效率和准确性。具体操作如下。

打开 ArcMap 文档右侧目录窗口,连接文件夹到"历史 GIS 练习数据"文件夹,单击鼠标右键,在弹出的选项中选择【新建】(图 2-5-6),导出下一步,选择【文件夹】。单击左键,将新建的文件夹命名为"北宋秦凤路数据"(图 2-5-7)。

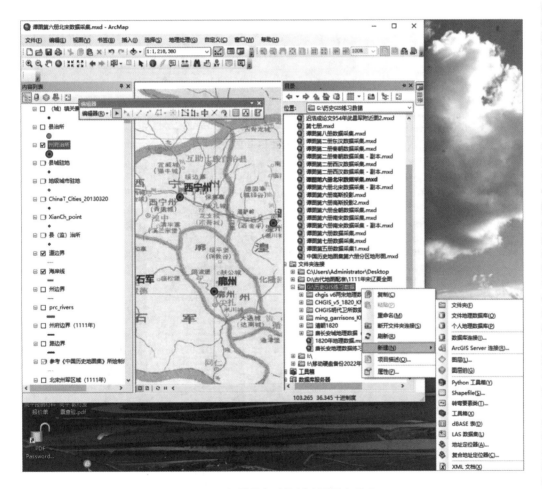

图 2-5-6　复制要素时先新建图层文件夹

图 2-5-7　对新建数据文件夹命名

然后在"北宋秦凤路数据"文件夹内新建 shp 数据图层,命名为"北宋秦凤路州府治所",【内容列表】中会自动添加出该图层(图 2-5-8、图 2-5-9)。

图 2-5-8　在指定文件夹内新建图层

图 2-5-9　命名新建数据图层

接下来启动"北宋秦凤路州府治所"图层进入编辑状态,然后通过点击【选择要素】按钮或者编辑器的【编辑工具】按钮对待选图层(州府治所)中的数据进行选择。再将光标切换为编辑工具模式,将光标放置在待选点数据中任意一个上,单击右键,选择【复制】(图 2-5-10)。

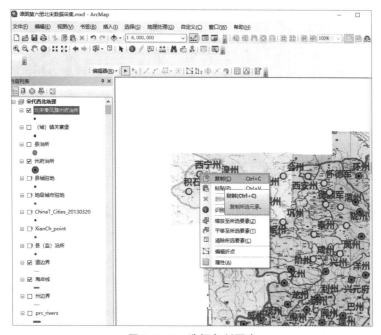

图 2-5-10　选择复制要素

左键单击【粘贴】,这时会弹出目标图层名称对话框,点击【确定】按钮(图2-5-11)。这样,《中国历史地图集》第六册中部分州府治所的点数据就复制至新建的图层中了。

图 2-5-11　将复制的要素粘贴到指定的新建图层中

如果新建数据(图层)中的属性字段需要增加、删减和填充,可以打开属性表进行操作。此处不赘述。

二、线数据的删除、移动、复制、拆分、修改

对于线数据的编辑,我们以罗马时期英国境内交通道路数据为例。英国历史GIS技术发展较早,罗马史方面的相关地理数据整理、编制很丰富,其中包括罗马时期的交通道路数据,如果我们仅仅需要一份英国境内的道路数据,就可以在原数据基础上进行复制、粘贴,以减少重复劳动。

(一)线数据的选择和导出

图2-5-12所示的是一幅包含英国部分的罗马时期的道路图。

如果只要英国部分罗马时期的道路数据,则可以对图中的道路的线数据进行选择,然后导出。先在【内容列表】中去掉勾选的表示欧洲国家边界的图层【country】,以方便选择(图2-5-13)。找到【选择要素】按钮,单击,光标上出现小的矩形框,将英国范围内的道路数据通过拉选光标的矩形进行选定(图2-5-14、图2-5-15)。如果多选超出英国的部分也不要紧,后面我们还会用到删除线数据的操作。

第二章 ArcMap 文档的创建及矢量数据的创建与编辑

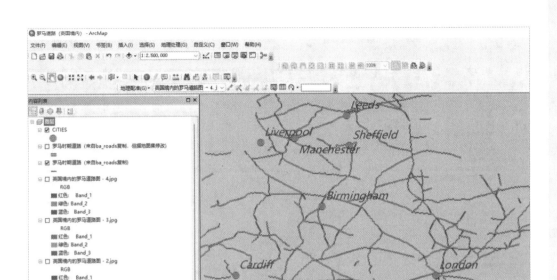

图 2-5-12　罗马时期的道路图

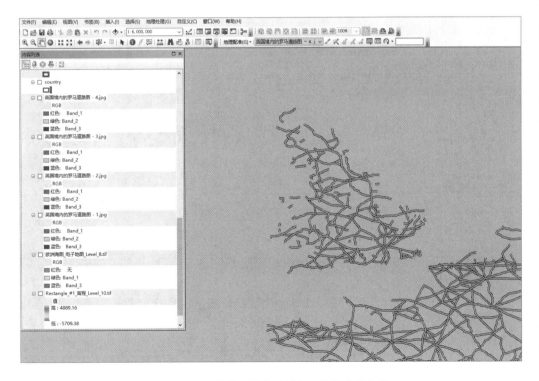

图 2-5-13　将表示国家区域的面数据去除勾选

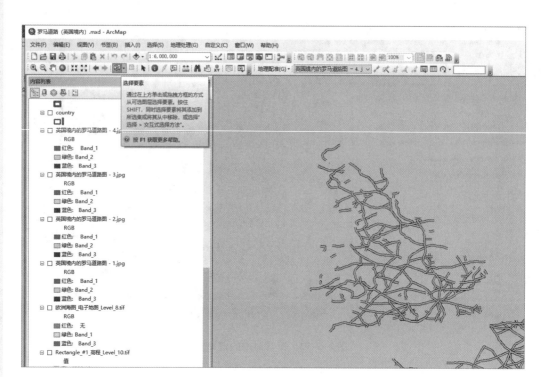

图 2-5-14　找到【选择要素】按钮

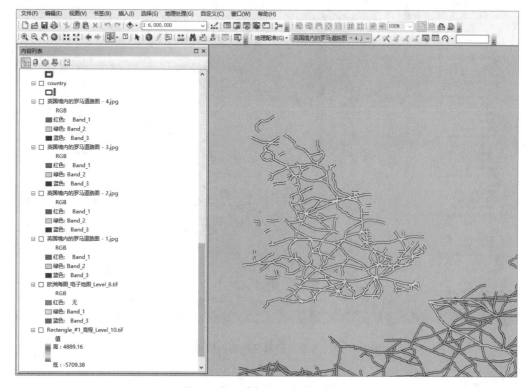

图 2-5-15　选择要导出的线数据

选择好了要导出的数据后,将光标放在【内容列表】中交通道路的图层"ba_roads"上,单击右键,选择【数据】—【导出数据】(图2-5-16),出现【导出数据】对话框。

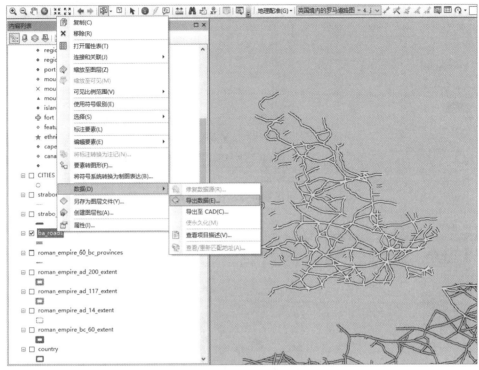

图 2-5-16　选择【导出数据】

再根据【浏览】按钮设置数据导出位置,对数据进行命名并保存,就获得了复制而来的另外一套数据,可以加载入文档中(图2-5-17至图2-5-19)。

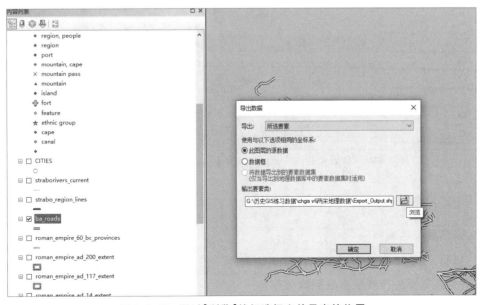

图 2-5-17　通过【浏览】按钮选择文件导出的位置

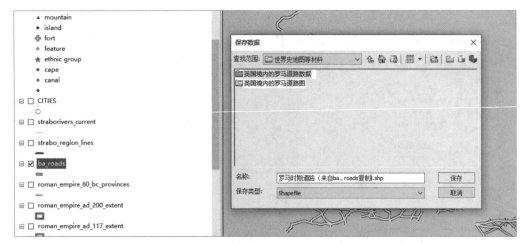

图 2-5-18　指定导出的文件夹，设置数据名称

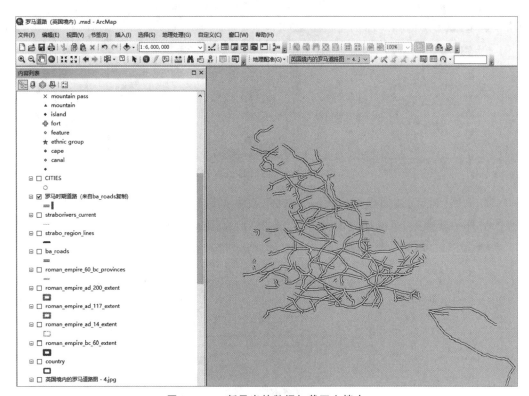

图 2-5-19　新导出的数据加载至文档中

（二）线数据的删除和分割、修改

1. 线数据的删除

假如，从整个罗马道路导出的英国境内的一部分数据中连带了几条法国境内的道路，这时就需要进行线数据的删除操作。

首先，如同点数据的编辑，在【内容列表】中选择待编辑的图层，单击右键，根据下拉框,选择【编辑要素】—【开始编辑】,启动编辑器工具条。编辑工具打开后,光标箭头变为黑色实心,按住左键拖动光标选择要删除的部分后,松开左键,要删除的部分数据变亮。然后单击右键,出现编辑选项下拉框,选择【删除】,单击左键,删除即可完成(图2-5-20至图2-5-24)。

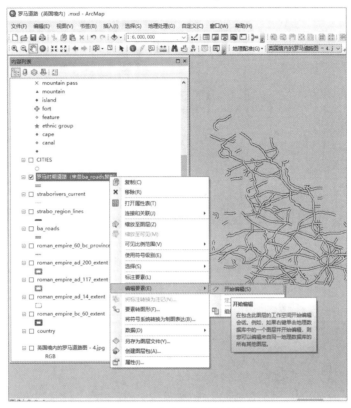

图 2-5-20　启动目标图层的编辑

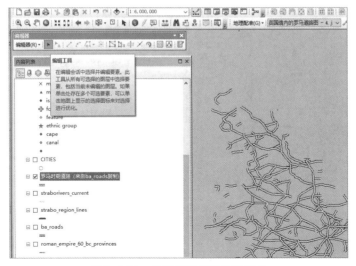

图 2-5-21　找到编辑器的编辑工具

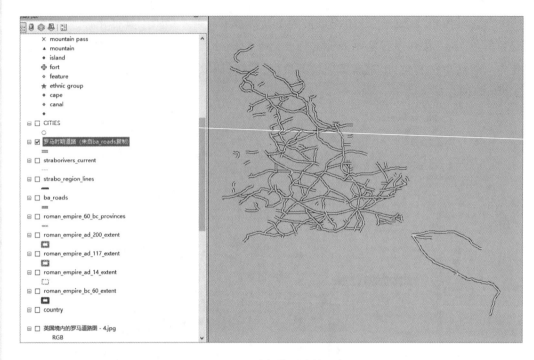

图 2-5-22　选择待删除的要素

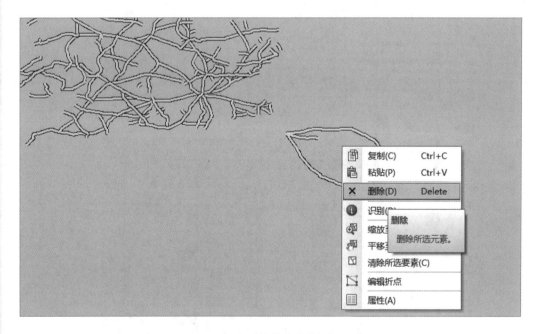

图 2-5-23　在下拉菜单中选择【删除】

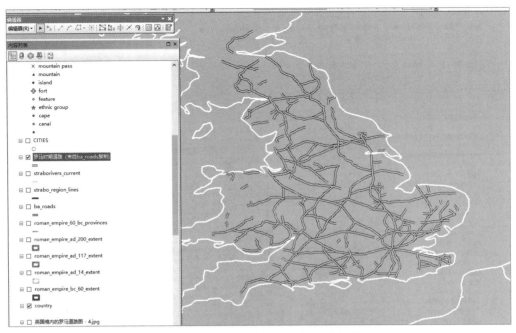

图 2-5-24　删除冗余后形成的英国境内的罗马时期道路数据

2. 线数据的分割

由于网上上传的罗马时期道路数据没有更多的属性内容，也就是说不清楚其历史依据。经过对照《古代世界历史地图集》，发现互联网上的罗马道路数据与纸质文献存在一些细微的不同。这时，如果以纸质文献的历史地图集为准，则需要对网上数据进行修改。

将经过配准的英国罗马时期地图添加到 ArcMap 文档中后，可以与经过复制的罗马道路数据形成叠加（图 2-5-25）。然后仔细观察，选择一处明显不同的地方，进行数据的修改。

从地图集底图中可以看出，在 Canovium 这个城镇东西向，有一条经过的大路，用粗实线表示，城镇南侧有一些细虚线表示的道路，但是网上提供的数据在这个区域所表示的道路是不连续的，是三条线段（图 2-5-26）。因而，对照地图，对其中一个数据要素——最西侧的线数据进行修改。

这条线段有一段是与底图上的道路线重合的，另一段偏离较大，所以要对这条线段进行分割。首先，选择待修改的数据图层，启动编辑器，在编辑器中找到【分割工具】按钮 （图 2-5-27）。然后单击左键，启动分割，再将光标放置在分割点位置，单击左键。这样，原线数据被分割为两段，就可以将偏误较大的一段删除掉（图 2-5-28、图 2-5-29）。

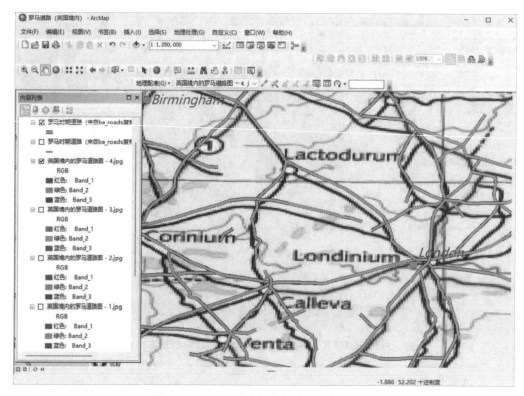

图 2-5-25　罗马道路数据与地图集底图叠加

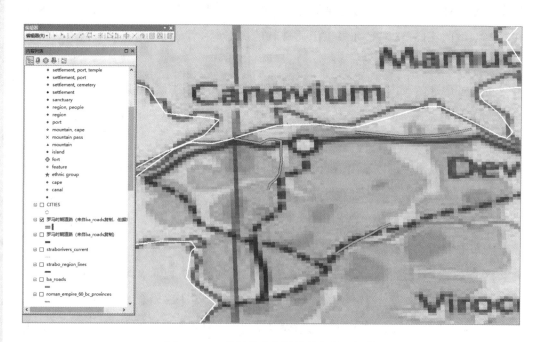

图 2-5-26　地图信息与数据信息的不相符

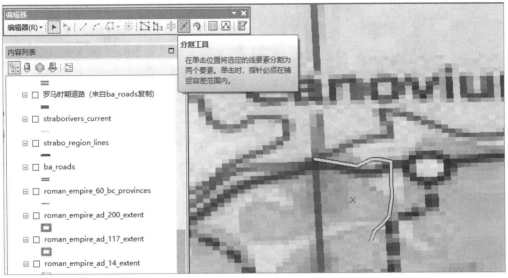

图 2-5-27 分割工具

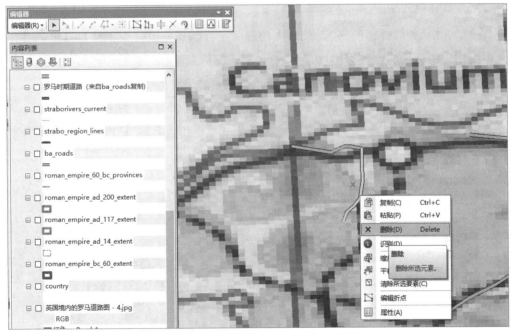

图 2-5-28 删除分割后错误部分的线数据

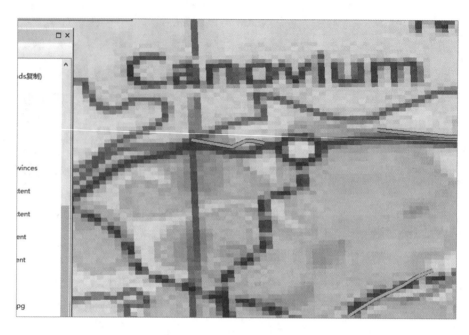

图 2-5-29　删除后的线数据

3. 线数据的修改

除了分割、删除外,还可以对线数据的形状进行编辑修改。由于线数据可以看作是连续排列的无数的点数据构成,可以通过修改其折点来改动其长度和形状。我们仍以前图为例,同样是那段待分割的道路线,这次是通过编辑折点的方式来修改。

首先启动编辑器,选择待修改编辑的线段,找到编辑器上的【编辑折点】按钮 ,然后单击左键(图 2-5-30)。这时,待编辑线段会呈变亮的折点状态,同时也会启动编辑折点的工具条(图 2-5-31)。

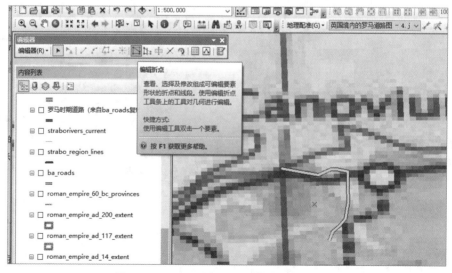

图 2-5-30　找到编辑器中的【编辑折点】按钮

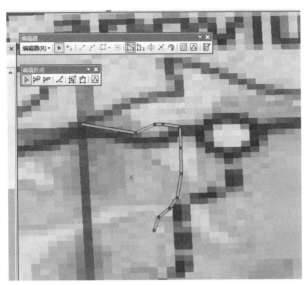

图 2-5-31　线数据呈现出原有的折点

编辑折点工具条中最常用的是前三个按钮,分别为【修改草图折点】、【添加折点】、【删除折点】(图2-5-32)。

图 2-5-32　编辑折点工具条

编辑折点工具打开时,光标默认为修改草图折点功能。将光标放置在线段的某一折点上,按住左键并拖动鼠标就可以改变折点的位置(图2-5-33)。松开左键,将光标移动到线条外点击,确定生成新的折点。点击【添加折点】按钮后,再将光标移动至线条某处,单击左键,即可以添加折点(图2-5-34)。再拖动新加的折点到指定位置,这样往往可以增加线段弯曲的平滑度。

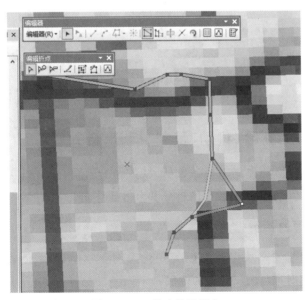

图 2-5-33　移动草图折点

删除折点的操作与增加折点略同。先选择【删除折点】按钮,再将光标移至线条的某折点上,单击左键,该折点就会消失(图2-5-35)。

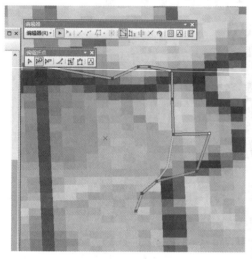

图2-5-34　添加折点

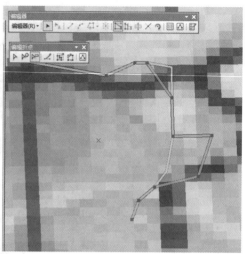

图2-5-35　删除折点

综合使用编辑折点工具,可以将原道路数据修改为与底图信息一致(图2-5-36)。完成后,一定要注意在编辑器内保存数据。

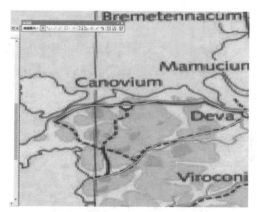

图2-5-36　修改后的地图数据

三、面数据的删除、移动、复制、拆分、合并

面数据的删除、移动和复制与点数据、线数据的删除、移动和复制操作步骤相同,这里就不赘述了。下面介绍面数据的拆分和合并操作。

(一)面数据的拆分

以宋、明时期西安州城堡墙平面的变化为例。数据显示,西安州城在北宋时期(图2-5-37)和明朝时期(图2-5-38)的范围是不同的,因为后来切分出一部分设立城堡,在城内重新修筑了一部分堡墙,原来城区的范围就缩小了。当需要利用北宋的面数据进行拆分来获得缩小后的堡寨平面的面数据时,如何操作呢?

图 2-5-37　北宋西安州城

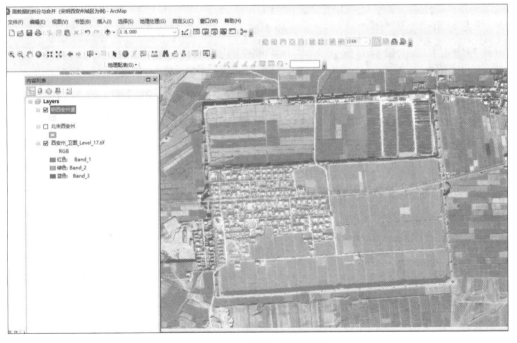

图 2-5-38　明代西安州堡墙

首先,叠加北宋西安州城区的矢量面数据和卫星影像图,显示出城内明代的堡墙,然后打开【编辑器】,启动"北宋西安州"图层数据的编辑(图 2-5-39)。

图 2-5-39　启动【编辑器】

在【编辑器】工具条中找到【裁剪面工具】按钮,单击鼠标左键,选择"北宋西安州"图层(图2-5-40)。然后点击【裁剪面工具】按钮,再将鼠标光标放置在"北宋西安州"图层与"西安州影像图"图层的明代堡墙的起始点上(这个起始点一定也同时在原有城区面的外边上),单击鼠标左键。这时,【编辑器】工具条会有更多的按钮启动变亮,找到【直线段】按钮,单击该按钮(图2-5-41)。然后从分界线的起始点,沿着内部明代堡墙移动鼠标光标,点击绘制直线,到分界线最终的端点时,点击【确定】按钮。这时,就会出现绘制的新的线条。如果双击,就会完成"北宋西安州"图层的切分(图2-5-42)。

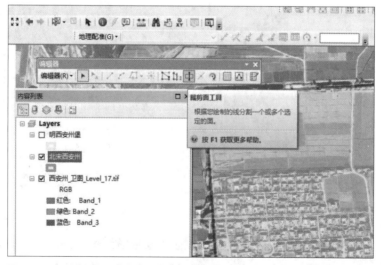

图 2-5-40　在【编辑器】中找到【裁剪面工具】按钮,选择"北宋西安州"图层

图 2-5-41　找到【直线段】按钮

图 2-5-42　沿着明代堡墙绘制直线,并双击完成分割

对于分为两个片区的相邻的"北宋西安州"面图层,删去拆分的最小部分后,剩下的就是改变了的西安州堡墙的面数据(图 4-5-43)。修改其数据名称,就会获得新的面数据。最后注意保存数据编辑,操作如点数据的保存。或者导出明代堡墙的面部分,重新命名保存。

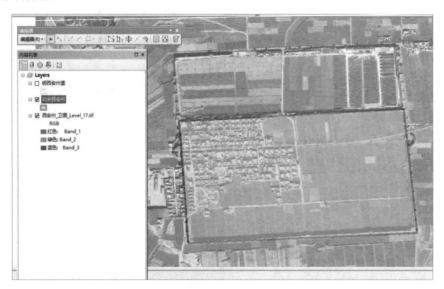

图 2-5-43　删去最小部分,剩下的即为明代西安州堡墙平面

（二）面数据的合并

与面数据的裁剪分割相反,数据编辑中也经常会遇到不同的面数据的合并问题,其操作相比分割更简单。仍以被分割的"北宋西安州"的两个相邻的面数据为例,如何进行两者的合并呢?首先,启动【编辑器】工具条,并选择两个待合并的面数据(图 2-5-44)。

图 2-5-44　选择待合并的两个面数据后,数据变亮

然后,选择【编辑器】按钮后的倒三角,下拉,在选项框中找到【合并】(图2-5-45),单击,会出现询问合并到哪一个面(图2-5-46)。由于原来分割的两个面数据的名称相同,合并后名称不需要改变,可以直接点击【确定】按钮,这时,两个面合并为一个面,最后进行结束编辑和保存编辑操作,数据合并完成(图2-5-47)。

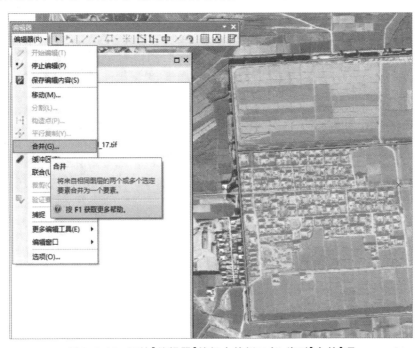

图2-5-45　下拉【编辑器】按钮中的倒三角,找到【合并】项

图2-5-46　询问要并入的要素

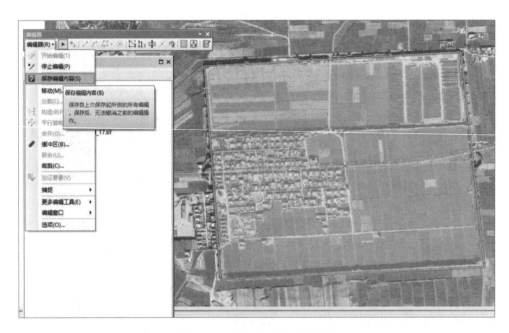

图 2-5-47 保存合并好的面数据

面数据的修改操作和线数据修改基本相同，通过【编辑折点】工具条来进行，草图折点的修改、折点的增加和删除都与线数据相同，这里就不进行赘述了。

第六节 编辑数据的保存与已有数据的导出

点、线、面数据在利用编辑器编辑完成后，则需要对数据进行保存。点击【编辑器】按钮后面的倒三角形，选择下拉菜单中的【保存编辑内容】，这样数据编辑才最后完成（图2-6-1）。当单击【停止编辑】后，编辑器变暗，编辑操作结束，数据的待编辑状态也结束了。

当需要从已有数据中生成新的图层或者数据时，前面我们采用了新建图层、复制与粘贴的方式，其实还有另一种方式，即在已有数据中通过选择操作，将选中的数据直接导出，产生新的数据的方式。

同样以北宋秦凤路州府治所点数据为例。先打开存有北宋秦凤路州府治所数据的 ArcMap 文档，利用【选择要素】按钮，或者打开属性表，查询选择，选中若干北宋秦凤路州府治所数据，再右键单击【内容列表】中的原图层，参照弹出的下拉菜单，选择【数据】—【导出数据】（图2-6-2），然后会弹出【导出数据】对话框。对话框提示导出的数据是"所选要素"，"输出要素类"右下方有文件夹【浏览】按钮，点击该按钮，会弹出下一个【保存数据】对话框。

第二章 ArcMap 文档的创建及矢量数据的创建与编辑

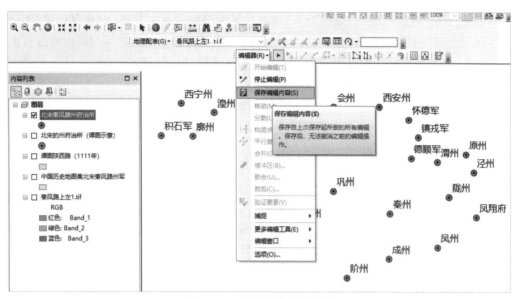

图 2-6-1　已编辑数据的保存

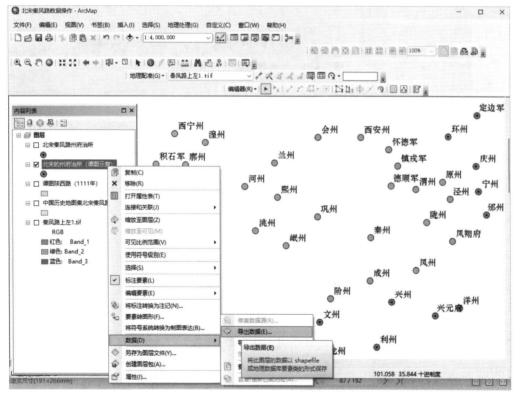

图 2-6-2　选择部分数据导出

然后下拉"查找范围"右边的箭头，选择数据保存路径及文件夹，引导至G盘"历史GIS练习数据"内的"北宋秦凤路数据"（图2-6-3、图2-6-4）。同时，选择对话框底部数据类型为"Shapefile"，并将默认数据名称"Export_Output.shp"修改为"北宋秦凤路州府治所2"，点击【保存】按钮。这样，另一份北宋秦凤路州府治所的点数据就通过导出方式生成了（图2-6-5）。

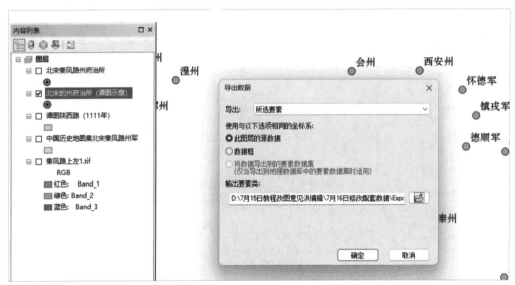

图2-6-3　所选数据输出位置设置

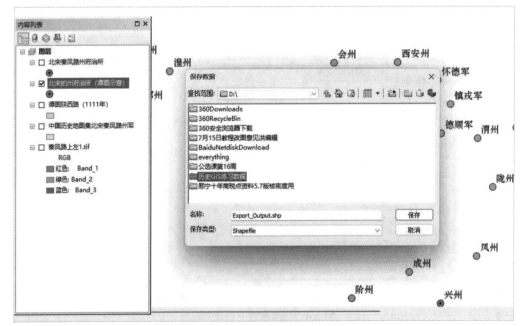

图2-6-4　保存至指定文件夹

第二章 ArcMap 文档的创建及矢量数据的创建与编辑

图 2-6-5 导出数据命名

/ 操作题 /

1. 利用已有数据创建相关专题 ArcMap 文档。
2. 利用 ArcGIS 对已有数据进行两种方法的选择操作。
3. 利用 ArcGIS 对某个数据进行删除。
4. 利用 ArcGIS 对某个数据进行移动。
5. 利用 ArcGIS 对某个数据进行属性内容的修改。
6. 利用 ArcGIS 对所选数据进行复制。
7. 利用 ArcGIS 对已修改的数据进行保存。

第三章
古旧地图的配准

 学习目的

(1) 掌握纸板地图的配准操作。
(2) 通过地图配准,掌握地图资料信息数字化的相关操作。

 学习要求

(1) 准备一份实测绘制、精度较高的古旧地图。
(2) 利用 ArcGIS 软件对古旧地图进行配准并保存。
(3) 对已经配准的古旧地图中的地理信息进行数据采集。

在历史地理数据的编制中,经常会利用到古旧地图这类文献,对于经过实测绘制的精度较高的地图中的地理信息,往往可以通过地图配准来获得位置和属性信息。也就是说,当一幅精度较高的古旧地图经过配准后,对照地图图片中的地物名称、类型和所在位置,可以获得位置基本接近的经纬度,进而进行数据创建。自清代前期我国引入西方实测地图绘制技术后,所积累的各类实测地图数量巨大,其中很多地图都可以通过配准方式来进行数字化处理和矢量数据的采集。《西安历史地图集》编制精密,经纬度格网清晰,精度很高,也是国外历史地理学研究的集成性成果,所以对于《西安历史地图集》地理内容的采集是历史地理基础数据获取的重要方式。下面就以该地图集中各类信息的采集为例进行说明。

第一节 材料准备

导入 ArcMap 中的地图图片是不具备坐标系统的,地理配准是指为没有已知坐标系统的栅格数据设置坐标系统,主要原理是通过数据中的特征点与相对应的具有已知坐标的控制点匹配,实现整个数据的坐标配准。在地理配准操作过程中,有两点需要注意:其一,地图图片有折痕的情况下,在一定程度上会影响配准的精度;其二,控制点需要选择3个以上,尽量均匀分布在地图图片的四角,这样会提高配准精度。

古旧地图或者历史地图配准的材料准备如下。

(1) 对《西安历史地图集》中的唐长安城图(图3-1-1)进行扫描,转换为jpg格式的图片,保证图片清晰。

(2) 查找地图中底图上易识别的点(如街道交汇处、建筑、著名历史遗迹等),寻找分布均匀的叉点不少于4处,并利用经纬度查询工具查出各点对应的经纬度值,确认并抄录下其经纬度值。

(3) 下载好包括街道、建筑物等地物的西安城区卫星影像图,或者通过在线的卫星地图查阅西安城区电子地图。

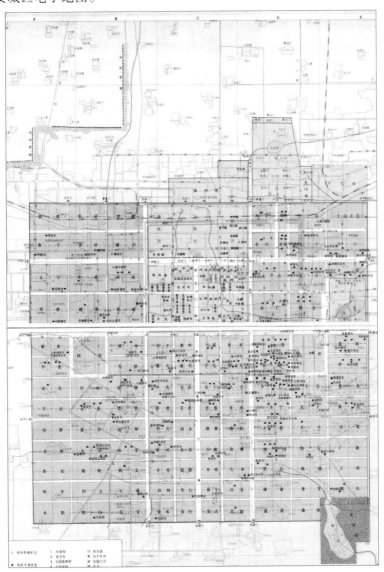

图 3-1-1 《西安历史地图集》中的唐长安城图

第二节　地理配准

（1）鼠标左键单击【添加数据】，选择"《西安历史地图集·唐长安城图》"。添加地图图片时，有时会弹出"未知的空间参考"（图3-2-1），点击【确定】。然后在【添加数据】对话框中选择【添加】（图3-2-2），得到添加地图图片后的【数据视图】界面（图3-2-3）。

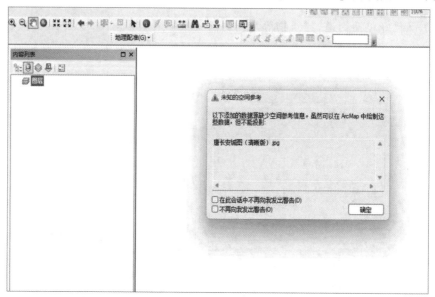

图3-2-1　【未知的空间参考】弹窗

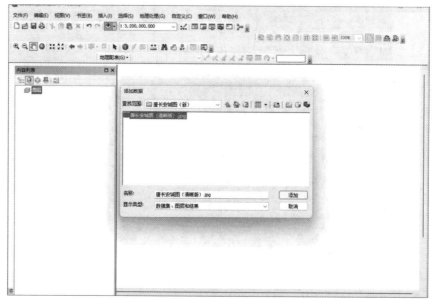

图3-2-2　【添加数据】对话框

第三章 古旧地图的配准

图 3-2-3 添加地图图片后的【数据视图】界面

（2）鼠标左键单击【视图】—【数据框属性】，在坐标系中选中【WGS 1984】，点击【确定】（图 3-2-4）。

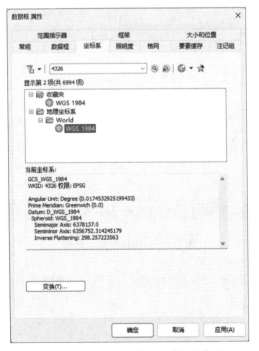

图 3-2-4 给栅格图片添加地理坐标系

（3）在《西安历史地图集》中的唐长安城图的背景图上找几处易识别的点（如街道交汇处、建筑、著名历史遗迹等）。在西安城区电子地图上找到几处易识别的点（图3-2-5），并记录经纬度，我们这里以钟楼、省体育场、小寨、大雁塔为例。

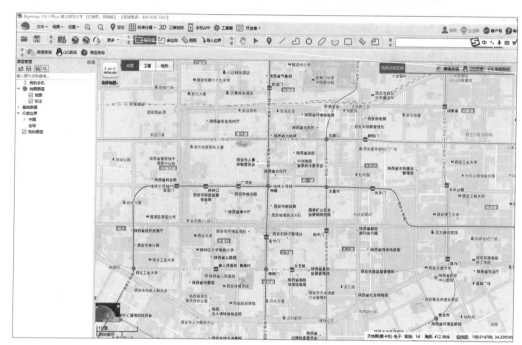

图 3-2-5　西安城区电子地图

钟楼：108.942°E、34.261°N；

省体育场：108.938°E、34.234°N；

小寨：108.942°E、34.224°N；

大雁塔：108.959°E、34.219°N。

（4）鼠标左键单击【自定义】—【工具条】—【地理配准】，打开地理配准工具框（图3-2-6）。

图 3-2-6　地理配准工具框

（5）点击 ，依次添加控制点，输入经纬度坐标（其中 X 为经度，Y 为纬度）（图3-2-7）。

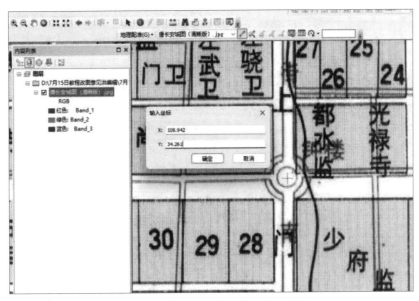

图 3-2-7　输入的钟楼经纬度信息示意

（6）完成坐标输入后，点击【地理配准】末端的倒三角 地理配准(G)▼，选择【校正】，单击，设置图片保存位置后单击，配准好的栅格地图就保存好了（图 3-2-8、图 3-2-9）。再点击【更新地理配准】，配准好地图图片固定在主窗口的对应位置，即完成了地理配准操作（图 3-2-10、图 3-2-11）。

图 3-2-8　通过【校正】按钮来保存配准图片

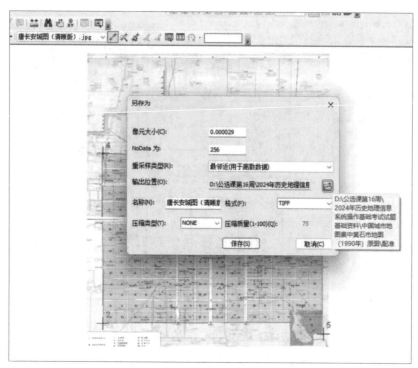

图 3-2-9 点击【输出】按钮设置保存位置

图 3-2-10 保存至指定文件夹

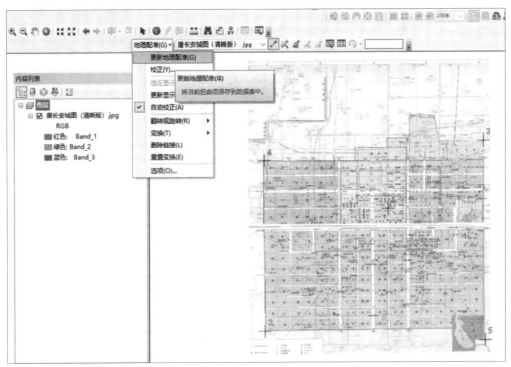

图 3-2-11　点击【更新地理配准】完成配准

/ 操作题 /

选取《中国历史地图集》等历史地图集中的一幅图，在 ArcMap 中进行地理配准。

第四章
简单历史地图的绘制

学习目的

(1) 了解标准地图内所包含的要素。
(2) 基本掌握使用 ArcGIS 软件绘制较为规范且美观的历史地图的方法。

学习要求

(1) 利用 ArcGIS 软件对数据进行符号样式的设置。
(2) 利用 ArcGIS 软件对数据的数值类属性进行分级符号化。
(3) 利用 ArcGIS 软件设置、调整图例、比例尺和指北针。
(4) 利用 ArcGIS 软件导出地图。

专题历史地图的制作是历史 GIS 制图的基本操作之一,本章我们选取简单的平面示意图、柱状图以及空间分析图作为案例。

第一节 简单平面示意图的制作

一、操作内容和提示

专题地图名称:隋唐长安城内道观分布图。
说明:在第二章第二节"矢量数据的创建"的基础上进行。
要素或图层主要包括:
(1) 点要素:城门、宫门、观、庙;
(2) 线要素:宫墙、城墙、河流、湖池;

(3)面要素：皇城、宫城、市场、园囿。

二、符号样式与标注的操作

(1)鼠标左键单击【添加数据】，依次添加绘制过的唐长安城矢量数据(图4-1-1、图4-1-2)。

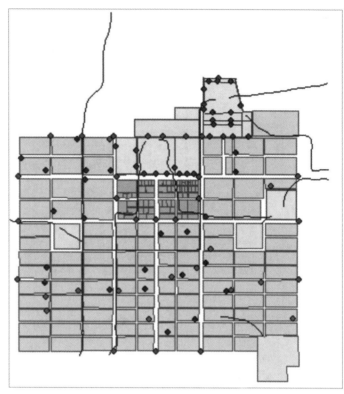

图4-1-1　加载后的图层结果　　　图4-1-2　加载后的数据视图

(2)对要素进行标注：如对道观的标注进行调整。左键单击"道观"下的圆点符号，点击【符号选择器】，选择符号的样式、颜色、大小等(图4-1-3)。

(3)如要标注道观名称，右键点击【内容列表】下的"道观"—【标注要素】。标注名称后，字体可以根据需要进行调整，右键点击图层下"道观"—【属性】—【标注】，选择字体的类型、大小、颜色等(图4-1-4、图4-1-5)。

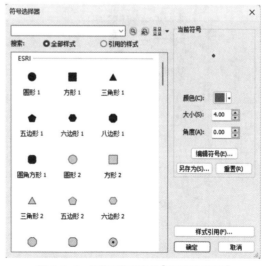

图4-1-3　"道观"要素的【符号选择器】

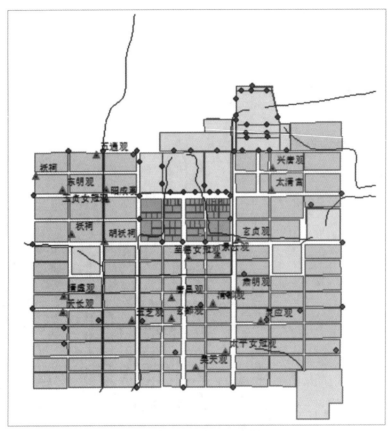

图 4-1-4　标注道观名称后的视图

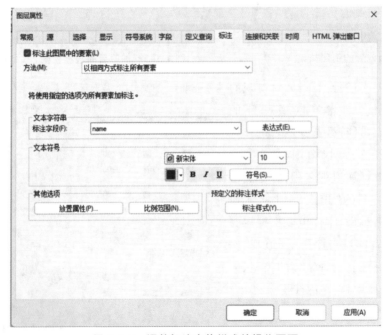

图 4-1-5　调整标注字体样式的操作页面

第二节 数值类属性的分级符号化和图例的添加

地图绘制中的核心是数据的符号化,除了简单的不同图层数据的简单的符号化外,地理数据中往往有更丰富的属性内容,其中不乏具有量化统计性质的数值类属性字段。对于这类信息的展示,可以使用 ArcMap 中的系统符号工具。如明代辽东地区的军事防御地位非常重要,不仅建有大量城堡,而且沿着长城一线还屯驻了很多军队,史料文献中记录了军队的分布,如果借助地理信息系统,不仅能够显示军队驻地的空间分布,还可以很好地呈现军队数量的分布,这对于探究当时的历史很有帮助。

一、数值类属性的分级符号化

（一）数据准备

（1）明代辽东兵马驻防数据。

（2）《中国历史地图集》明代山东二(辽东地区)区域数据及军镇、卫治所、堡镇铺驿等数据。

（3）明代辽东长城数据。

（4）明代辽东地形渲染栅格数据(10级的腾讯地形渲染图)。

（5）中国国界线等。

（二）添加数据及符号化

（1）依次添加以上数据,并在目录列表中调整好图层顺序。

（2）重点对"明代辽东兵马驻防数据"中的军员人数字段进行可视化。

首先,在【内容列表】中选择该图层,单击选择【属性】,导出【图层属性】对话框,选择【符号系统】选项卡,然后在左边的显示栏内选择"数量",点击"分级符号",再在右边【字段】—【值(V)】对话框下拉选择要显示的字段名称(图4-2-1)。

"明代辽东兵马驻防数据"中表示数量的字段是"Number_of",选定后设置最右边的【分类】。【分类】要设置的内容有两项:一是分类的数量,即分为多少类;二是分类的方式或方法。如果选择分类的数量为"5",点击【分类】,会弹出【分类】对话框,一般默认分类方法为"自然间断点分级法",右下方是中断值的显示(图4-2-2)。

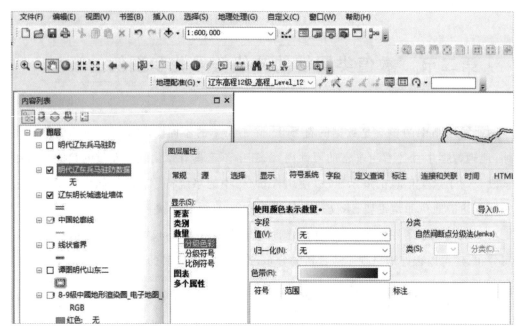

图 4-2-1　利用【符号系统】显示指定字段信息

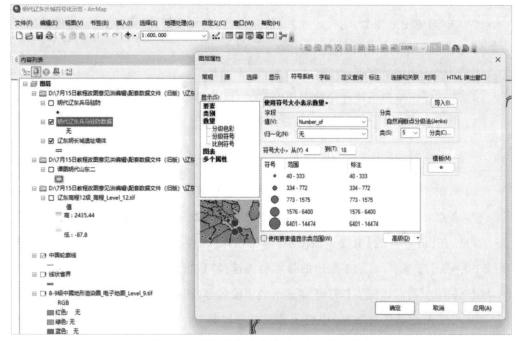

图 4-2-2　调整符号变化范围和显示的层级数

中断值表示分级符号化的上下限值。例如,"333"表示驻守军队人数少于333人,为同一种符号类型(即颜色、形状、大小都相同);"772"表示驻守军队数量在334—772人,为同一种符号,以此类推。在默认情况下,点击【确定】按钮,意味着分类的分级方式结束(图4-2-3)。然后,开始设置符号形式,包括符号的大小值、形状、色彩等。

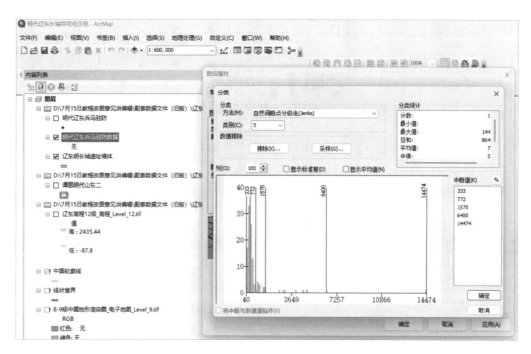

图4-2-3　对字段数值进行分级显示

【符号】选项中,包括符号的大小、颜色、标注(即出现在图例中对于数值范围的说明)和模板,这些都可以根据自己的需要进行调节。

首先来调节模板,即统一的符号形状和颜色。因为选择的是分级符号,意味着用同一颜色、同一形状但大小不同的符号来表示不同量级的数值。由于辽东地理范围辽阔,地图较大,符号的最大值可以调至36。点击【模板】按钮,弹出【符号选择器】对话框,考虑到表示军队,颜色设置为托斯卡纳红,符号形状选择为不带轮廓的圆形(图4-2-4)。两个对话框都点击【确定】按钮。这样,ArcMap主窗口的明代辽东兵马驻防数据分布就呈现出来了(图4-2-5)。

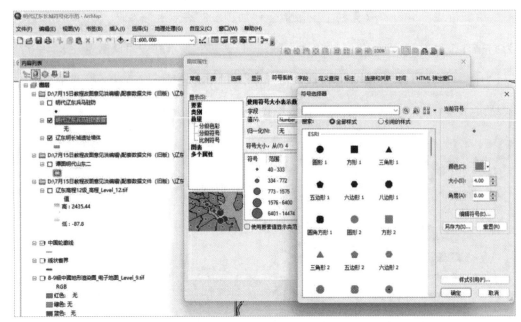

图 4-2-4　设置分级符号的颜色

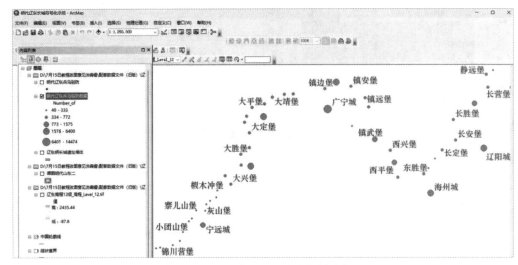

图 4-2-5　明代辽东兵马驻防数据的分级显示

对于数值的分级,也可以不选择【然间隔断点】,而选择【手动】等其他方式。

如果是带有数据值的面数据,如北宋各个政区的人口数,或者各个政区的人口密度,则可以选择【符号系统】中"显示"—"数量"中的分级色彩。

二、数据框的设置与调整

ArcMap主窗口有两种视图模式:一是数据视图;二是布局视图。在绘制、导出更为美观、正式的地图时,一般会选择布局视图。选择布局视图后,会涉及数据框的形状和大小的选择。

当默认布局框不适合时，可以进行调整。点击工具栏中的【更改布局】按钮 ![icon] （图4-2-6）。

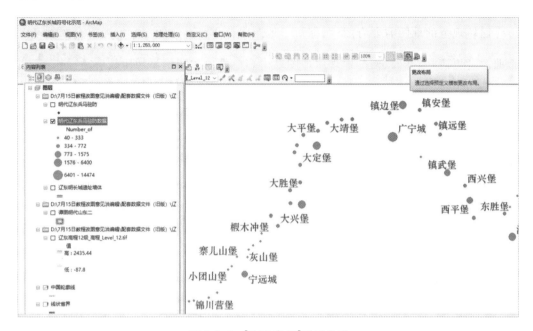

图4-2-6 【更改布局】按钮位置

这时，会弹出布局框的【选择模板】对话框。在对话框的最上面一行，提供了若干大类的模板，选择其一后，主窗口会列出该大类布局框的纵、横向两类以及尺寸由小到大的各种数据库，可以根据制图对象的纵、横向特点以及尺度大小来选择。

例如，为了完整展示明代万历时期辽东长城以内的军防布局信息，可以选择"ARCH B Landscape.mxd"模板，尺寸为"12 in × 18 in"。数据框内容范围的大小，可以通过切换到数据视图后滚动鼠标来调节，也可以通过设置比例尺来调整。设置比例尺的窗口一般在工具条的第二排，可以通过下拉点击选项，或者直接输入数值来调整，按回车键确定即可（图4-2-7）。

图4-2-7 比例尺设置小窗口

三、图例的添加与编辑

（一）图例项目的添加

比较规范的地图需要有图例，即对于地图中符号所表示的信息的说明。图例可以帮助读者更清晰、准确、便捷地理解地图的内容。简单的图例添加比较容易操作，下面仍以明代辽东驻防地图的图例设置为例来进行介绍。

例如，明代辽东驻防地图文档中，已经勾选的图层有明代辽东兵马驻防数据、辽东明长城遗址墙体、中国轮廓线、谭图明代山东二（政区数据）、8—9级中国地形渲染图_电子地图、辽东高程12级_高程_level_12.tif这5层。因为这些图层信息都会显示在地图中，地图的图例则需要显示图层名称或者图层说明。在ArcMap工具栏中，点击【插入】按钮，在弹出的下拉框中选择【图例】（图4-2-8）。

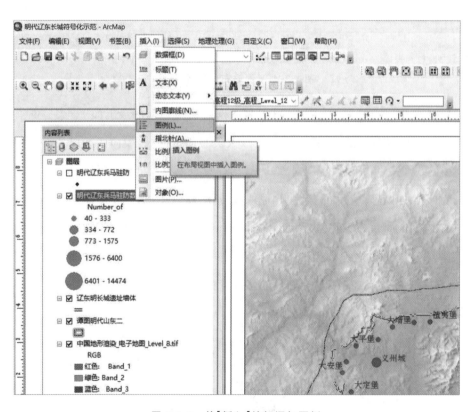

图4-2-8　从【插入】按钮添加图例

单击【图例】按钮后，会弹出【图例向导】对话框（图4-2-9）。

第四章 简单历史地图的绘制

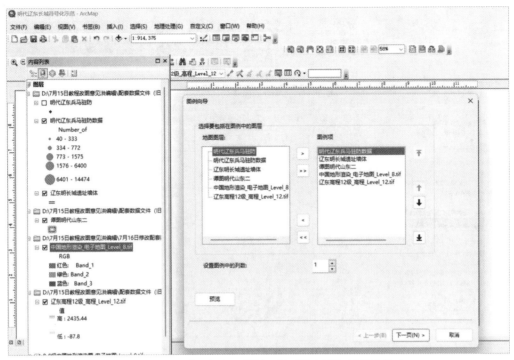

图4-2-9　利用【图例向导】按钮选择图例项目、列数和排序

【图例向导】对话框包括三部分内容：①地图图层项目显示（会显示【内容列表】中所有图层，无论勾选与否）；②图例项选项，往往只会显示勾选的图层；③设置图层的列数，往往默认为1列。

如果图例项目更多，而且要横向排列，可以增加列数。在地图图层项目下设窗口与图例项下设窗口之间，有左右向的按钮符号，用来添加或者撤销图例项中的图层。在图例项窗口的右侧，有表示上下方向的黑色箭头按钮，这是用来调整图例项中图层名称在图例中的排列顺序的。一般排列图层的顺序是按照图层信息的重要程度来安排的，与地图主题关系更紧密的图层在图例的最上方。当图例项目内容调整好后，点击【下一页】，进入【图例标题设置】对话框。

在【图例向导】对话框中设置图例标题的内容、文字颜色、大小和字体以及标题对齐方式（图4-2-10）。

下一步是在【图例向导】对话框中设置图例框架的边框、背景色等（图4-2-11）。

再就是图例中"高度"和"宽度"的设置。一般情况下，默认后即可完成（图4-2-12）。生成的图例，底图颜色较多，可以对图例的背景色进行设置，设为淡蓝色（图4-2-13）。

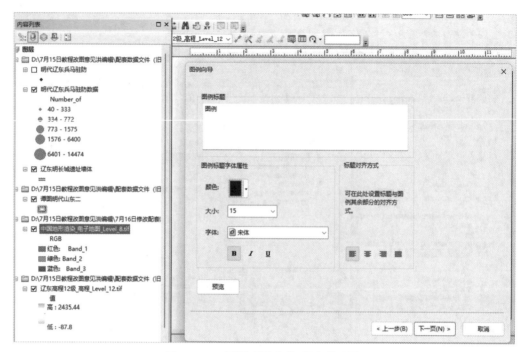

图 4-2-10　图例项目字体、颜色等设置

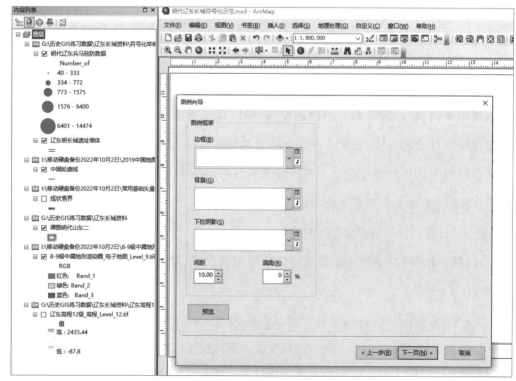

图 4-2-11　图例框架设置(边框、背景色等)

第四章 简单历史地图的绘制 101

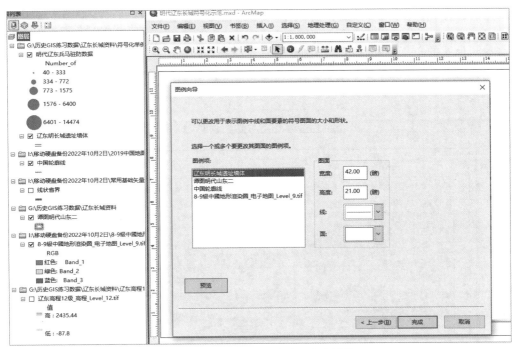

图 4-2-12 图例中要素符号大小调整

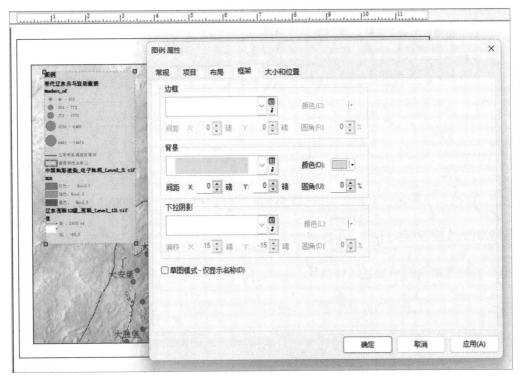

图 4-2-13 图例背景色设置

这时，图例内容初步添加完成，图例框显示出来。但是，如何将图例框的位置需要移动到地图的角落上呢？由于图例框是选定状态，按住鼠标左键拖动到左上角后，松开即可（图4-2-14）。

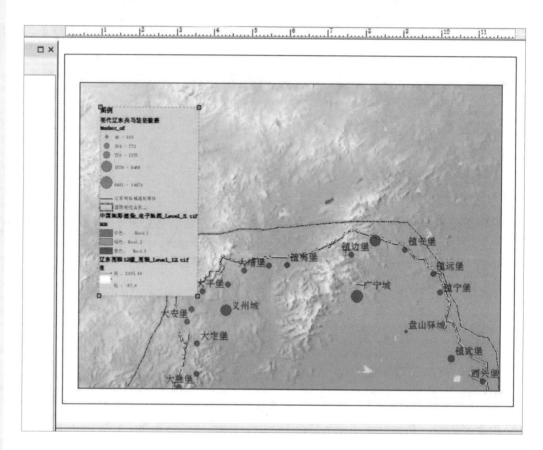

图4-2-14　移动图例框

这时，发现图例框面积太大，可以用光标按住图例框四个角的亮点，拖动调整，图例框内的文字符号大小也会相应调整。这样看似初步完成了图例的设置，但由于图例图层名称直接由原来的数据名称导入而来，原始数据的命名并不十分贴合专题地图的需要，如"明代辽东兵马驻扎数据"，以及附带的字段说明"Number_of"，并不适合地图的表达，所以往往在实际绘图中还需要对图例框文字内容进行调整。

（二）图例项目文字的编辑

要对自动生成的图例中图层名称进行修改。先点击图例框，点击鼠标右键，在弹出的菜单中选择【转换为图形】，再点击【取消分组】选项，就可以逐一对图例中的文字进行修改（图 4-2-15、图 4-2-16）。

先选中"明代辽东兵马驻防数据"，双击，弹出【属性】对话框，在文本窗口将原名称修改为"明军驻防兵马数量（单位:人）"，字体和大小可以通过【更改符号】选项进行修改。删去"Number_of"，将"8—9级中国地形渲染图_电子地图_Level_9.tif"以及"RGB"和红、绿、蓝三色图块删去（图 4-2-17、图 4-2-18）。

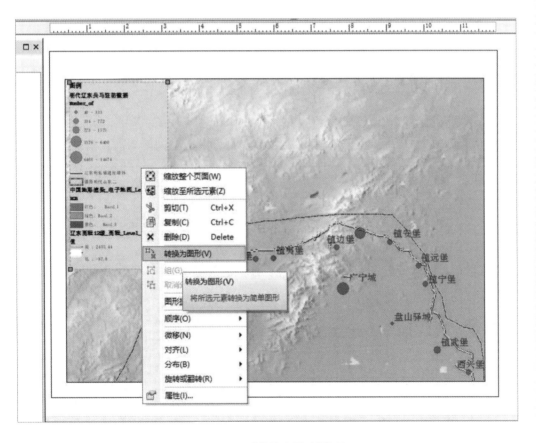

图 4-2-15　【转换为图形】选项

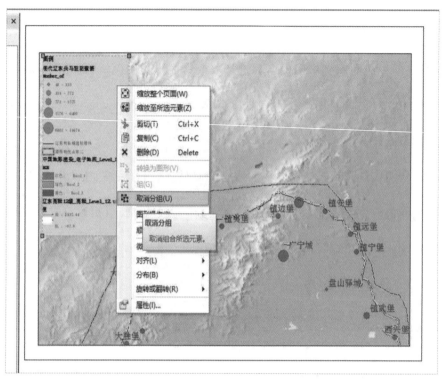

图 4-2-16 【取消分组】选项

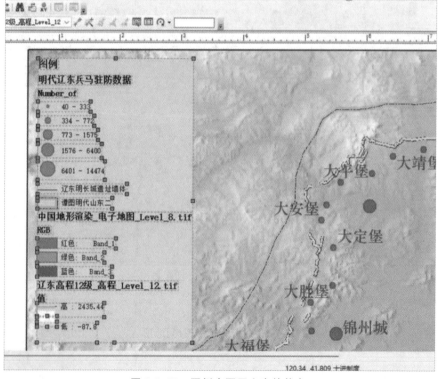

图 4-2-17 图例中图层文字的状态

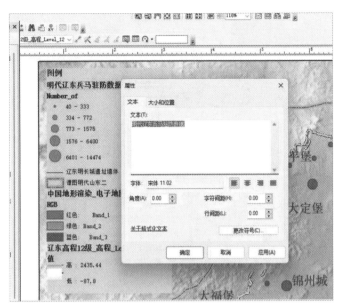

图 4-2-18 修改图例文字

对于带有符号的图例项,可以对符号和文字分开编辑与修改。以原图例中的"辽东明长城遗址墙体"为例,现将光标放置于该行文字上,点击右键,仍选择【取消分组】(图 4-2-19)。最后选中图例该项原文文字部分,点击右键,选择【属性】,再在文本窗口中修改原文为"辽东明长城遗址(墙体)",再点击【确定】按钮(图 4-2-20)。用同样的方法将"谭图明代山东二"的图例文字修改为"明代山东(辽东部分)"。最后调整图例面的大小(图 4-2-21)。

图 4-2-19 【取消分组】选项

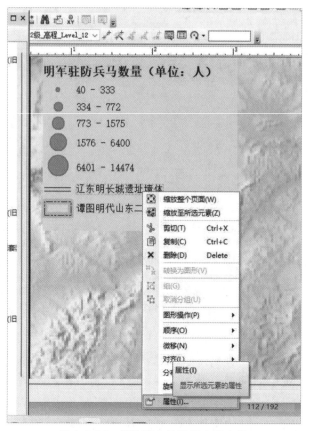

图 4-2-20　修改选中的图层文字内容

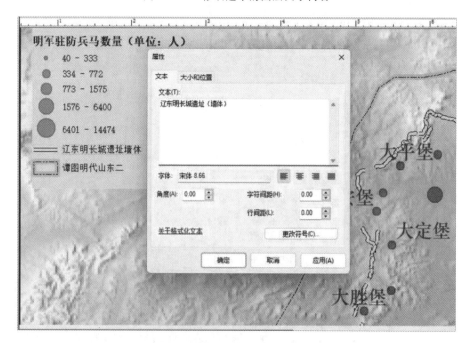

图 4-2-21　【属性】选项

选择所有图例项目，点击右键，选择【组】，图例框内内容重新转变为一个整体，可以整体性移动，或者调整背景（图4-2-22、图4-2-23、图4-2-24）。

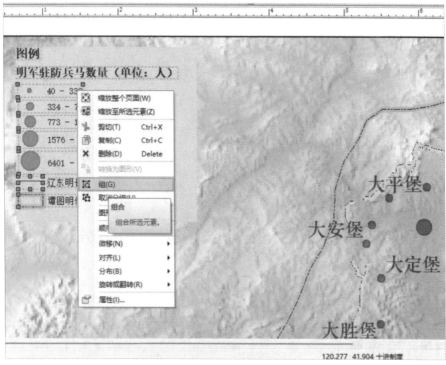

图4-2-22 【组】选项

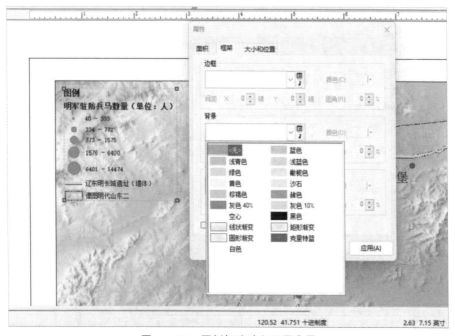

图4-2-23 图例框移动和设置背景

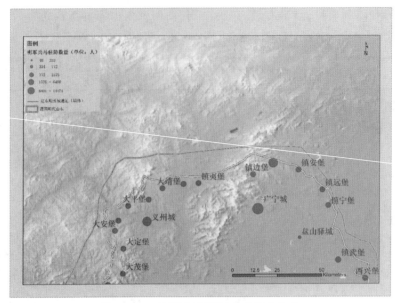

图 4-2-24　图例框中图层文字修改完成

（三）比例尺、指北针的添加与编辑

修改完图例框后，还需要添加与编辑比例尺、指北针。比例尺、指北针的【添加】按钮与图例添加相同，都是点击工具栏中的【插入】按钮，然后进入【指北针 选择器】对话框，选择适合样式的指北针（图 4-2-25）。还可以通过【属性】按钮调整颜色和大小。

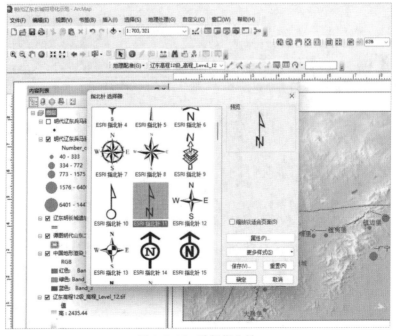

图 4-2-25　选择指北针

比例尺的插入类似,比例尺的样式和大小等也可以调整。比如,比例尺的间隔刻度,可以在【比例尺 选择器】中点击【属性】,进入【比例尺】对话框,然后进行刻度值的修改(图4-2-26、图4-2-27)。

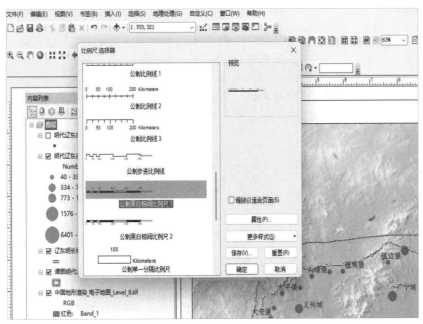

图4-2-26　选择比例尺的样式

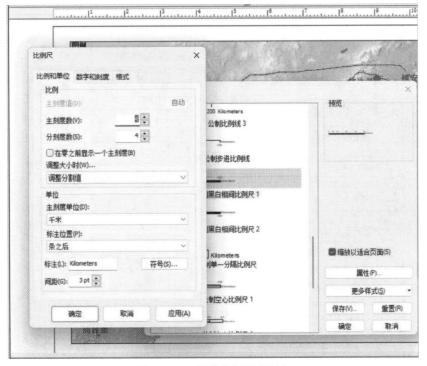

图4-2-27　调整比例尺的刻度

比例尺添加后，还可以继续修改。同样右键单击比例尺图标，弹出对话框，对大小和色块颜色等进行微调（图 4-2-28）。调整完成后，用鼠标拖动到合适位置。这样，一幅地图就初步绘制完成了。此外，地图还可以添加主题、文本说明、图片等，同样在【插入】中可以实现。

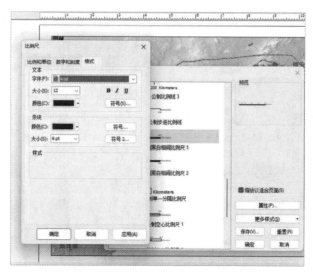

图 4-2-28　修改比例尺的文字和图形大小、颜色

地图的打印或者导出，可以通过工具栏中的【文件】下的【导出地图】按钮来实现（图 4-2-29）。

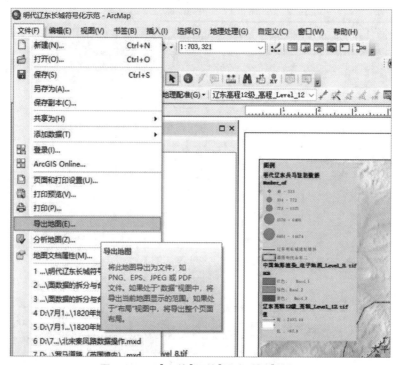

图 4-2-29　【文件】下的【导出地图】按钮

在【导出地图】对话框中,可以选择设置地图图片的格式类型和色彩格式,以及分辨率、背景色、保存位置、图片名称等(图4-2-30)。

这样,就绘制出了一幅明代中期的辽东长城沿线军力部署图(图4-2-31)。

图4-2-30　选择图片保存位置、名称、格式和颜色模式

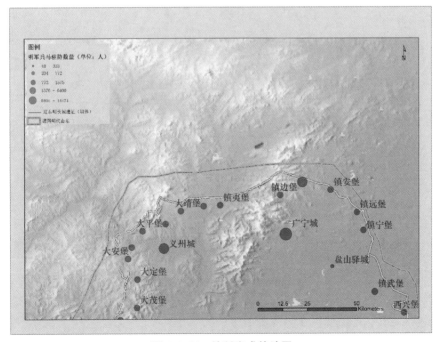

图4-2-31　绘制完成的地图

/ 操作题 /

1. 设置点、线、面要素的符号样式以及颜色。
2. 对点、线、面的属性信息进行标注。
3. 对含有数值属性的要素进行分级符号化。
4. 设置图例和图例内容以及指北针、比例尺。
5. 修改图例内容项的文字。
6. 导出地图。

第五章
历史地理信息的三维显示

学习目的

（1）认识到地形信息以及高程数据的重要性。

（2）掌握三维地形构拟的初级操作。

（3）意识到从地理位置构拟到地理环境构拟的意义。

学习要求

（1）获取高程数据和影像数据。

（2）掌握 ArcGIS 中 ArcScene 的功能。

第一节 地形地貌信息的重要性

如今，卫星测绘资源简便易得，其中包括各种精度层级的高程影像，即表示地表海拔的栅格数据，通过这些数据可以获取各地的地形信息。

ArcGIS 中，提供了利用高程数据构拟立体三维地形的工具，这为还原历史时期的地形环境提供了极大的便利。比如古代战争中，地形因素的作用非常重要，如果不了解地形等信息，会削弱研究者对于战争进程、胜负原因等问题的认识和理解。

纸板地图中，大比例尺的地形图资源较为稀缺，历史地图基本不包含地形高程信息。所以，掌握地理环境的三维显示技术很有必要。

第二节 高程数据的获取与加载

一、高程数据的获取

高程数据精度为90米的全球数据基本免费共享,如果需要更高精度的高程数据,可以联系国内数字地球的各类平台公司,这些平台大多会提供局部地区的高精度高程数据和影像图片,如Bigemap软件(成都比格图数据处理有限公司)的卫星数据。付费后,在法律许可下,可以获得精度高于30米的高程数据。

首先,打开获得付费授权的Bigemap客户端,用下载工具栏处的矩形框选择钓鱼城大范围,点击右键,下载18级较大范围的影像图(注意对所下载图片的重命名和设定保存路径),选择"分层图",消除路网选项,这样会形成比较简洁的地表影像栅格数据。然后,下载同范围的高程数据,选择17级高程。如此,两种基本的数据就准备好了(图5-2-1)。

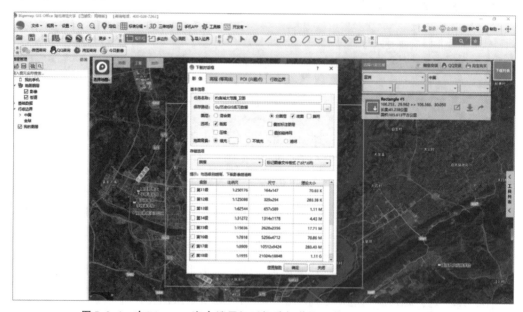

图 5-2-1　在 Bigemap 客户端用矩形框选择范围下载 17、18 级卫星影像图

二、数据加载

从 Windows【开始】按钮处打开 ArcGIS 软件模块,下拉选择"ArcScene 10.8",点击打开(图5-2-2)。

第五章 历史地理信息的三维显示

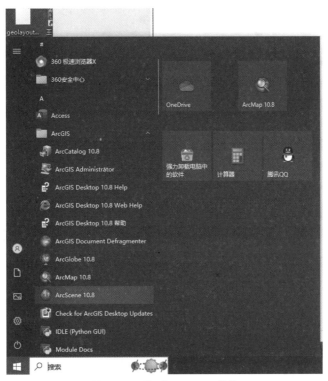

图 5-2-2　找到 ArcScene 模块

　　ArcScene 界面比 ArcMap 更简单,按钮图标接近。用【添加数据】按钮添加此前所下载的"钓鱼城大范围"影像图和高程图。第一次添加栅格数据时,会弹出对话框询问"是否创建金字塔",点击【确定】按钮,这样就导入了两种栅格数据(图 5-2-3、图 5-2-4)。检查【内容列表】,保证影像图位于高程图之上(图层顺序调整与 ArcMap 中【内容列表】的图层顺序调整方法相同)(图 5-2-5)。

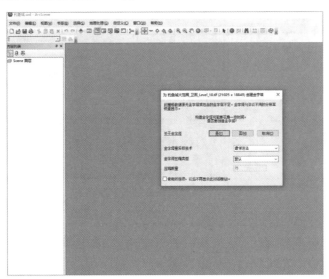

图 5-2-3　对栅格影像创建金字塔

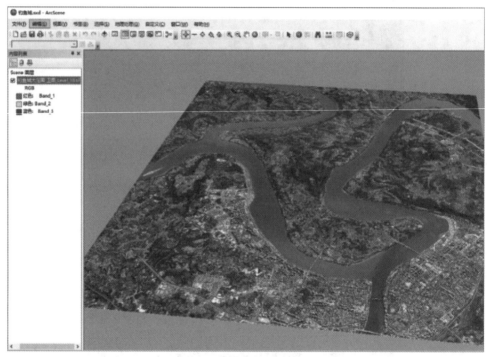

图 5-2-4　影像图片添加成功

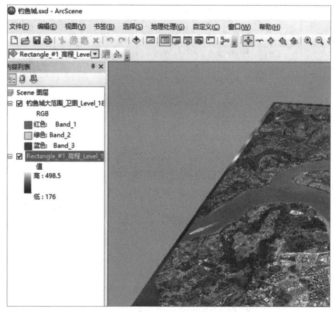

图 5-2-5　影像图和高程图顺序调整

然后点击影像图，打开【图层属性】对话框，点击【基本高度】选项卡，在对话框中进行相应的设置。第一步，在【从表面获取的高程】中选择"在自定义表面上浮动"。第二步，在【从要素获取的高程】中选择"用于将图层高程转换为场景单位的系数"。然后选择"自定义"，设置数值为"2.0000"或者"2.5000"，点击【确定】按钮（图 5-2-6）。

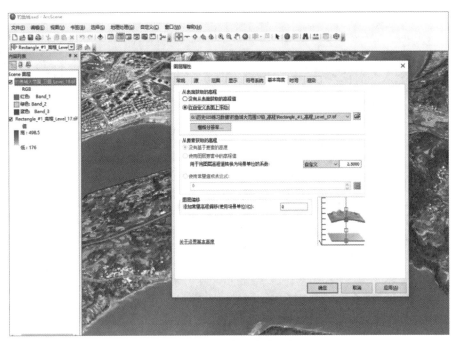

图 5-2-6 设置高程的基本高度

最后一步是【图层属性】中"渲染"的设置。勾选"启动压缩纹理渲染",其他可以默认,点击【确定】按钮(图 5-2-7)。这样,影像图就浮动在高程图上,成为立体的地图了(图 5-2-8)。

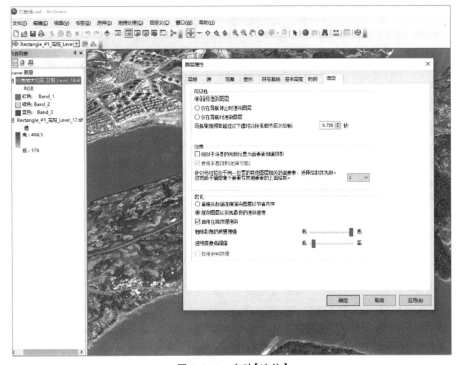

图 5-2-7 启动【渲染】

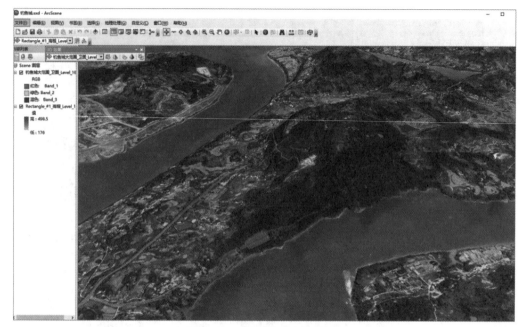

图 5-2-8　基本形成立体地图

/ 操作题 /

1. 收集2—3个区域的卫星影像图和高程数据。
2. 绘制一幅某地的三维地图。

第六章
属性表的编辑、修改及表与数据转换

（1）理解矢量数据与其属性表的内在关系,掌握数据表字段及要素属性内容的编辑、修改操作。
（2）掌握具有坐标信息的Excel表转换为点数据的操作。
（3）掌握属性表与外部Excel表以及数据库之间的转换操作。

（1）对已有数据的属性表进行字段添加、删除。
（2）建立具有坐标值信息的基础地理数据。
（3）将属性表转存为Excel表。

前面已经提到矢量数据具有属性信息,通过属性表可以浏览到这些属性信息。在地图绘制中,可以对不同的属性内容进行符号化,可见数据与属性表之间是相互依存的。数据的内容往往通过属性表来储存,而且数据的修改也可以通过改动属性表来进行,同时属性表与外在数据表之间也可以构成连接甚至转换。下面分别介绍属性表中字段的增删、属性表导出为Excel表以及Excel表转换为点数据的操作。

第一节 属性表中字段的删除与添加操作

下面仍以明代辽东城堡兵马数量数据为例。在ArcMap中打开带有该数据的属性表,如果选择其中的"road distr"字段进行删除,则将光标放在该列,使用左键选定,然后点击右键,弹出对话框。在对话框中选择【删除字段】按钮,点击即可完成该字段的删除(图6-1-1)。

图 6-1-1　利用属性表批量删除字段

给属性表添加字段，使用鼠标左键单击【表选项】，点击倒三角按钮，弹出下拉框，选择【添加字段】。如果要添加一列属性表示城堡周长信息的字段，并设计字段名称为"cycle length"时，可在随后弹出的对话框中填入字段名，并将类型设置为"双精度"，将精度设置为"15"，将小数位数设置为"4"（图 6-1-2、图 6-1-3）。

图 6-1-2　利用属性表添加字段

第六章　属性表的编辑、修改及表与数据转换

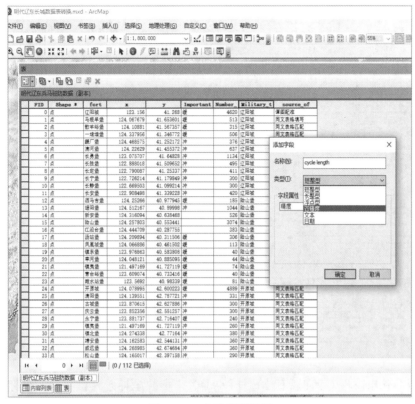

图 6-1-3　字段类型设置

如果要在表示城堡周长的属性字段内填写数字,可以参考前文矢量数据通过属性表修改相关内容。

第二节　shp点数据属性表导出为Excel表操作

在历史GIS应用中,常常会用到外来的矢量数据,如CHGIS的数据、虚拟上海的数据等,这些shp格式的数据也可以导出为Excel表。即使shp格式的点数据的属性表内没有经纬度数值,也可以通过字段计算获得,然后导出一份带有经纬度字段内容的Excel表。

比如,通过对历史地图描绘所形成的明代辽东堡镇铺驿的矢量数据,就可以先在属性表中添加经纬度字段,然后用字段计算方式,充实经纬度内容,再导出为Excel表。

如图6-2-1所示,图中的堡镇铺驿数据是根据《中国历史的地图集》谭图明代山东二地图图片配准后进行标绘编制的,打开属性表后没有经纬度值。这时,先分别添加X和Y为字段属性名称的字段。然后右键点击"X字段",出现下拉框,选择【计算几何】,在弹出的对话框中点击【是】。

图 6-2-1 【计算几何】选项

下面会弹出属性对话框,下拉选择【点的 X 坐标】,坐标系默认数据源坐标系,注意坐标值单位为十进位制,点击【确定】按钮。这时,属性表"X 字段"内就会填上各个镇堡铺驿的经度值(图 6-2-2)。用同样的方法填充好"Y 字段"内的经度值。

图 6-2-2 添加 X 字段值

下面将这个属性表导出为Excel表。还是先打开属性表，找到【切换选择】按钮，点击左键，这样属性表内的数据会被全部选择（图6-2-3、图6-2-4）。

source	FID	Shape *	Id	name	time1	time2	x	y
	0	点	0	高岭驿			119.99982	40.14671
	1	点	0	三山营堡			119.98698	40.24594
	2	点	0	背阴岭堡			119.92059	40.24594
	3	点	0	永安堡			119.86991	40.2081
	4	点	0	平川营堡			120.08477	40.3009
	5	点	0	高台堡			120.23967	40.39442
	6	点	0	沙河驿			120.2411	40.2852
	7	点	0	蛇山务			120.45525	40.31232
	8	点	0	东关驿			120.42527	40.39227
	9	点	0	铁场堡			119.79947	40.16456
	10	点	0	里铺			119.8147	40.0444
	11	点	0	新立台			120.3483	40.57228
	12	点	0	仙灵寺堡			120.46013	40.53599
	13	点	0	黑庄窠堡			120.44467	40.45985
	14	点	0	曹庄驿			120.67012	40.55979
	15	点	0	小团山堡			120.5559	40.57645
	16	点	0	兴水县堡			120.62015	40.66567
	17	点	0	白塔峪堡			120.64216	40.69244
	18	点	0	长岭山堡			120.65108	40.76799
	19	点	0	沙河儿堡			120.76708	40.82153
	20	点	0	连山驿			120.84798	40.74301
	21	点	0	寨儿山堡			120.89379	40.71088
	22	点	0	望海台			120.94733	40.70196
	23	点	0	椴木冲堡			120.90515	40.89684
	24	点	0	大兴堡			120.94977	40.95692
	25	点	0	大福堡			120.92954	41.03187
	26	点	0	杏山驿			121.08718	40.94502
	27	点	0	小凌河			121.24839	41.13062
	28	点	0	流水堡			121.18712	41.20082
	29	点	0	大胜堡			121.06398	41.22449
	30	点	0	大茂堡			121.11752	41.2697
	31	点	0	大定堡			121.12822	41.41306
	32	点	0	团山堡			121.22043	41.40414
	33	点	0	开州屯			121.32215	41.37737
	34	点	0	太平堡			121.09194	41.66951
	35	点	0	狗河寨			121.21389	41.63203
	36	点	0	万佛堂			121.14786	41.58206
	37	点	0	大康堡			121.09075	41.54102

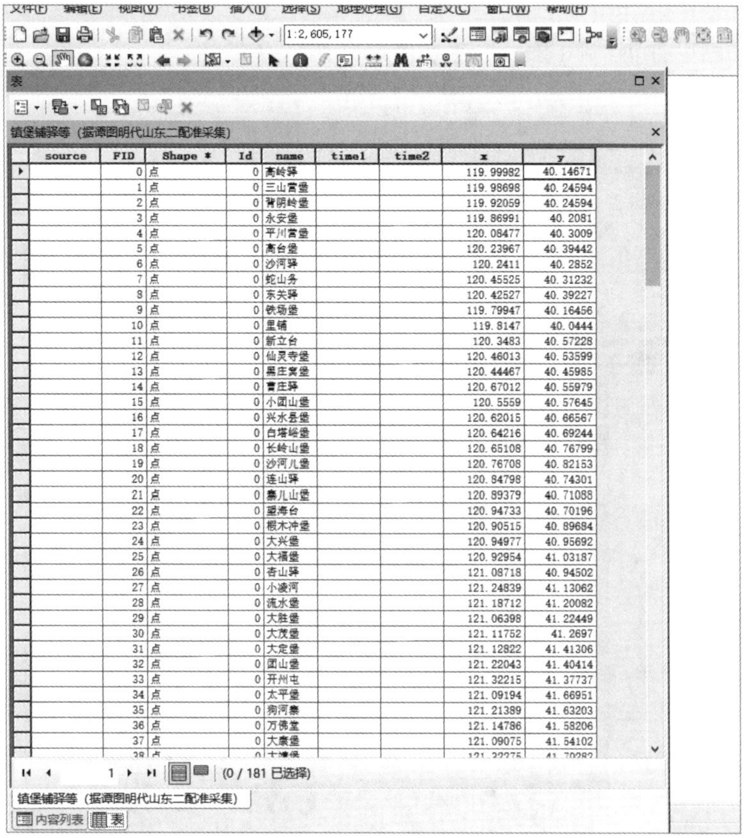

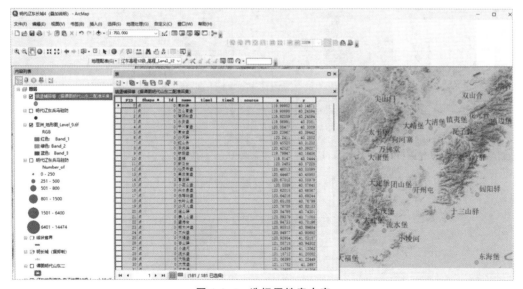

图6-2-3 打开属性表

图6-2-4 选择属性表内容

然后将光标放置于最左边一列上，点击右键会弹出下拉框，选择【复制所选项】，点击鼠标左键(图6-2-5)。这时，属性表内的内容就会被复制，然后新建一个Excel表并打开，直接进行粘贴即可(图6-2-6)。注意保存和命名好文档。

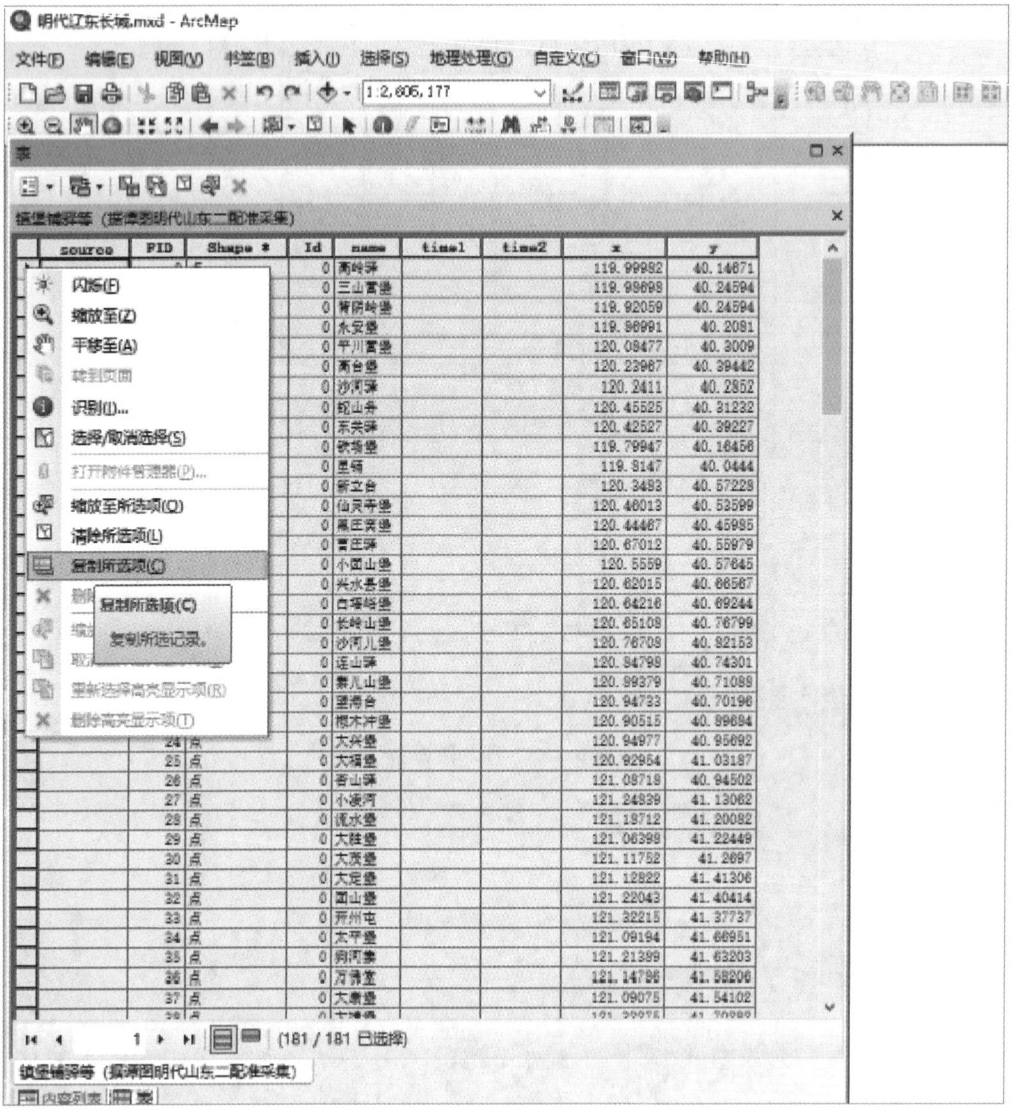

图 6-2-5　复制属性表的所选项

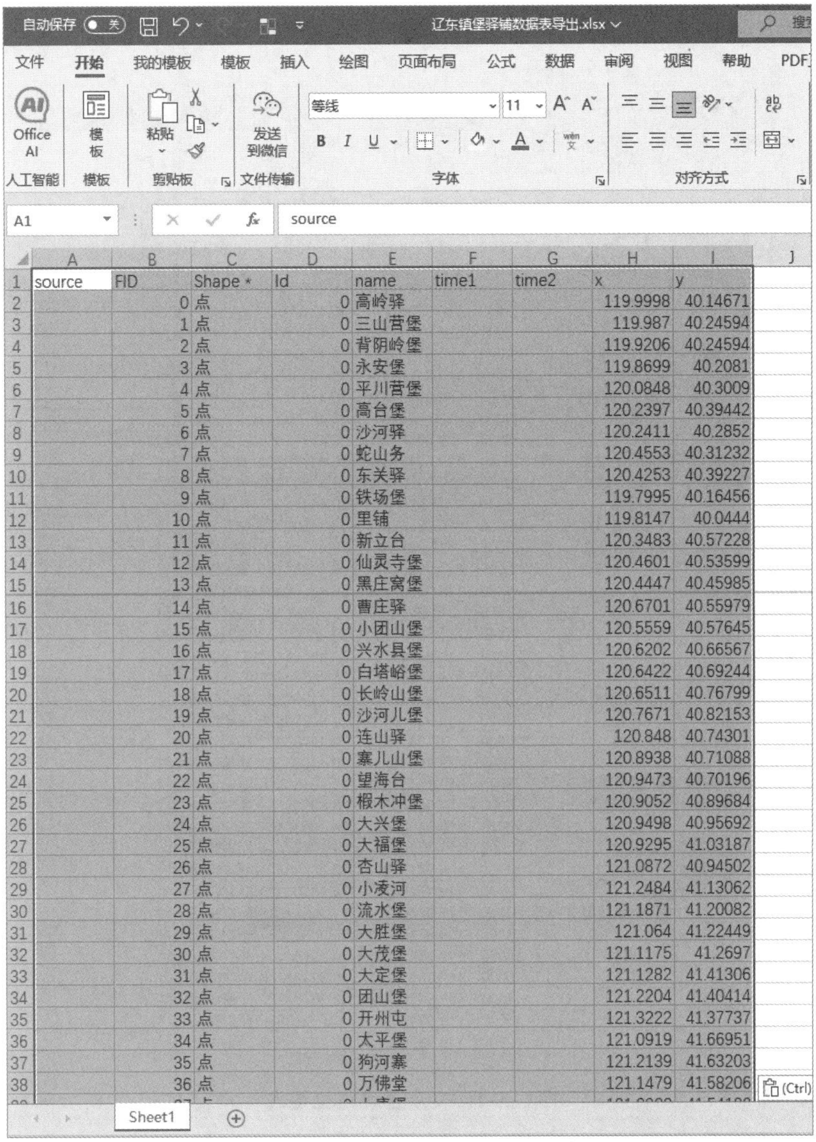

	A	B	C	D	E	F	G	H	I
1	source	FID	Shape *	Id	name	time1	time2	x	y
2		0	点	0	高岭驿			119.9998	40.14671
3		1	点	0	三山营堡			119.987	40.24594
4		2	点	0	背阴岭堡			119.9206	40.24594
5		3	点	0	永安堡			119.8699	40.2081
6		4	点	0	平川营堡			120.0848	40.3009
7		5	点	0	高台堡			120.2397	40.39442
8		6	点	0	沙河驿			120.2411	40.2852
9		7	点	0	蛇山务			120.4553	40.31232
10		8	点	0	东关驿			120.4253	40.39227
11		9	点	0	铁场堡			119.7995	40.16456
12		10	点	0	里铺			119.8147	40.0444
13		11	点	0	新立台			120.3483	40.57228
14		12	点	0	仙灵寺堡			120.4601	40.53599
15		13	点	0	黑庄窝堡			120.4447	40.45985
16		14	点	0	曹庄驿			120.6701	40.55979
17		15	点	0	小团山堡			120.5559	40.57645
18		16	点	0	兴水县堡			120.6202	40.66567
19		17	点	0	白塔峪堡			120.6422	40.69244
20		18	点	0	长岭山堡			120.6511	40.76799
21		19	点	0	沙河儿堡			120.7671	40.82153
22		20	点	0	连山驿			120.848	40.74301
23		21	点	0	寨儿山堡			120.8938	40.71088
24		22	点	0	望海台			120.9473	40.70196
25		23	点	0	椴木冲堡			120.9052	40.89684
26		24	点	0	大兴堡			120.9498	40.95692
27		25	点	0	大福堡			120.9295	41.03187
28		26	点	0	杏山驿			121.0872	40.94502
29		27	点	0	小凌河			121.2484	41.13062
30		28	点	0	流水堡			121.1871	41.20082
31		29	点	0	大胜堡			121.064	41.22449
32		30	点	0	大茂堡			121.1175	41.2697
33		31	点	0	大定堡			121.1282	41.41306
34		32	点	0	团山堡			121.2204	41.40414
35		33	点	0	开州屯			121.3222	41.37737
36		34	点	0	太平堡			121.0919	41.66951
37		35	点	0	狗河寨			121.2139	41.63203
38		36	点	0	万佛堂			121.1479	41.58206

图6-2-6 将复制的属性表内容粘贴至新建的Excel表中

第三节 Excel表转换为点数据操作

当有一份资料记录有某些地物的坐标值时，可以将这份资料整理为Excel表，便能够直接利用ArcMap生成shp数据，进而实现地理位置关系的可视化。比如根据良渚考古资料整理了一份记录良渚遗址中135处遗址点Excel表，包括经纬度、面积、类型和属地信息，这个表格中所记录的遗址点可以生成数据(图6-3-1)，操作如下。

Note

	A	B	C	D	E	F	G	H	I
1	编号	遗址名称	已知时代	已知类型	面积（平方	十进制经度	十进制纬度	地属	
2	1	羊尾巴山	良渚中期	墓地	4000	120.037667	30.43163889	德清县三合乡新星村	
3	2	宗家里			2000	120.033	30.43261111	安溪镇下溪湾村	
4	3	观音地			3000	120.0295	30.43111111	安溪镇下溪湾村	
5	4	小竹山	良渚中期	墓地	5000	120.026694	30.43027778	安溪镇下溪湾村	
6	5	窑墩			8000	120.025806	30.4295	安溪镇下溪湾村	
7	6	瑶山	良渚中期	祭坛墓地	6000	120.015222	30.42777778	安溪镇下溪湾村	
8	7	馒头山			3000	120.014972	30.42613889	安溪镇下溪湾村	
9	8	凤凰山脚			10000	120.013472	30.42472222	安溪镇下溪湾村	
10	9	坟前			6000	120.016972	30.4225	安溪镇下溪湾村	
11	10	钵衣山	良渚中期	墓地居址	10000	120.010889	30.42233333	安溪果园	
12	11	官庄		居址	45000	120.011583	30.42155556	安溪镇安溪村	
13	12	梅园里	良渚中晚期	居址墓地	35000	120.008083	30.41827778	安溪镇安溪村	
14	13	舍前		居址	10000	120.00825	30.41694444	安溪镇安溪村	
15	14	百亩山			3000	120.001278	30.41955556	安溪镇中溪村	
16	15	葛家村	良渚早期	居址墓地	10000	119.994556	30.41788889	安溪镇上溪村	
17	16	王家庄		居址墓地	20000	119.996222	30.41547222	安溪镇上溪村	
18	17	料勺柄		墓地	3000	119.996667	30.41416667	安溪镇上溪村	
19	18	姚家墩		大型居址	60000	119.993639	30.41502778	安溪镇上溪村	
20	19	卢村	良渚中期	祭坛墓地	40000	119.99125	30.41780556	安溪镇上溪村	
21	20	金村			4000	119.992028	30.41486111	安溪镇上溪村	
22	21	朱家斗			1200	119.988917	30.43280556	安溪镇上溪村	
23	22	王家墩			1000	119.985	30.4145	安溪镇石岭村	
24	23	东黄头			15000	119.983472	30.41558333	安溪镇石岭村	
25	24	黄路头		墓地	20000	119.981417	30.41494444	安溪镇石岭村	
26	25	角奕湾			5000	119.981417	30.41261111	安溪镇石岭村	
27	26	子母墩		祭坛？	6400	119.978889	30.41238889	安溪镇石岭村	
28	27	河中桥		居址	20000	119.969083	30.41205556	瓶窑镇河中村	
29	28	塘山	良渚中晚期	土垣	130000	119.98775	30.41783333	横跨毛园岭、西中、河中、石岭、上溪6个村	
30	29	前头山			2000	119.953444	30.41033333	瓶窑镇西中村	
31	30	吴家埠	良渚早期	居址墓地	20000	119.954111	30.40555556	瓶窑镇外窑村	
32	31	汇观山	良渚中期	祭坛墓地	6000	119.963472	30.40305556	瓶窑镇外窑村	
33	32	张家墩		居址	20000	119.969944	30.39086111	瓶窑镇凤山村	
34	33	仲家山	良渚中晚期	墓地	300	119.971944	30.38844444	瓶窑镇凤山村	
35	34	文家山	良渚中晚期	墓地	8000	119.971722	30.38769444	瓶窑镇凤山村	
36	35	杜山	良渚中晚期		600	119.971583	30.38661111	瓶窑镇凤山村	
37	36	凤山脚		居址墓地	50000	119.974667	30.38675	瓶窑镇凤山村	
38	37	南墩			3000	119.973806	30.38519444	瓶窑镇凤山村	
39	38	沈家山		居址	60000	119.978139	30.39194444	瓶窑镇凤山村	
40	39	桑树头		墓地	15000	119.980528	30.39127778	瓶窑镇凤山村	
41	40	洪家山			4500	119.980694	30.38797222	瓶窑镇凤山村	
42	41	张家山			10000	119.981861	30.3885	瓶窑镇凤山村	
43	42	矩形山			2000	119.999056	30.38905556	瓶窑镇凤山村	

图 6-3-1　良渚遗址点位置表

首先，将 Excel 表另存为 csv 格式（图6-3-2）。然后，打开新建的 ArcMap 文档，设置好坐标系，添加数据，导入表格（图6-3-3）。ArcMap 的内容列表和主窗口都会出现图层信息。出现"良渚数据简本的副本.csv"图层名称，将鼠标光标放于该图层名称上，点击鼠标右键，在随后出现的下拉框中选择【显示XY数据(X)】按钮，单击鼠标左键，在弹出的对话框中将所要求的指定X字段指定为经度，Y字段指定为纬度，点击【确定】按钮。

第六章　属性表的编辑、修改及表与数据转换

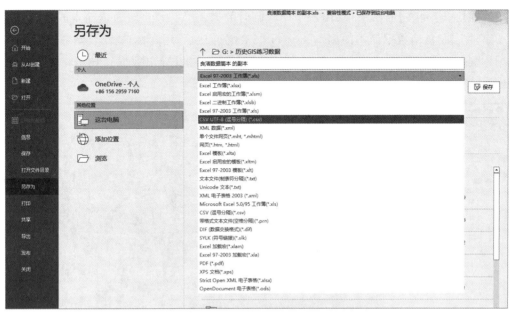

图 6-3-2　将 Excel 表另存为 cvs 格式

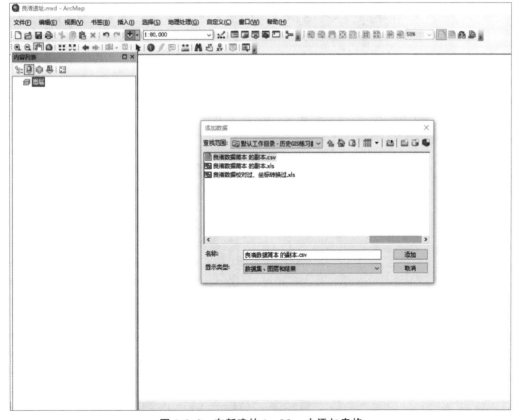

图 6-3-3　在新建的 ArcMap 中添加表格

在【内容列表】的图层中,出现了两种临时数据,分别为"良渚数据简本的副本.csv 个事件"和"良渚数据简本的副本.csv"(图6-3-4)。然后,用光标选择"良渚数据简本的副本.csv 个事件",点击鼠标右键,选择【数据】选项中的【导出数据】,导出相应的数据(图6-3-5)。

图6-3-4　表格导入后出现两种临时数据

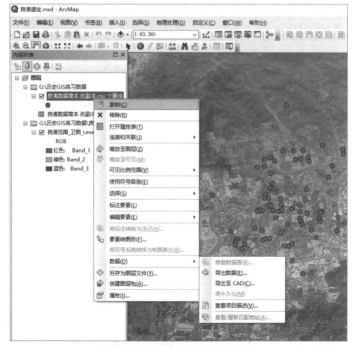

图6-3-5　将临时数据导出保存

导出时,选择文件保存类型为"Shapefile"格式,并设置好文件存放的文件夹位置及其名称(图6-3-6、图6-3-7)。

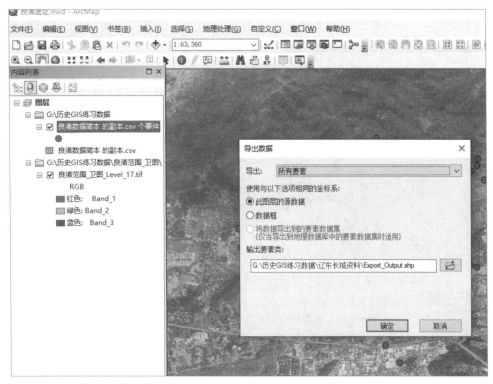

图 6-3-6　导出数据的名称和位置

图 6-3-7　设置数据文件位置和名称及数据类型

最后，默认添加新转换保存的 shp 数据到图层中，然后移除最初由 csv 格式导入的两个临时文件，就可以看到各个遗址点的分布和位置关系了（图 6-3-8）。

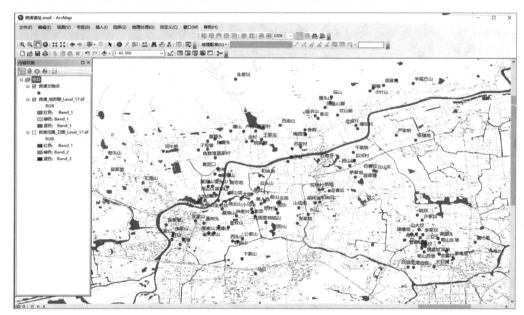

图 6-3-8　添加保存好的数据，并删除临时数据图层

结合前面属性表转换为 Excel 表的操作，初学者就会发现矢量数据和数据表内容之间是可以互相转换的，尤其是对于点数据而言，这样就容易理解数据的创建和编辑以及可视化等其实都是与数据表和数据库紧密相连的。

/ 操作题 /

1. 以《中国文物地图集》为资料基础，选取其中一部分制成 Excel 格式的遗址地理信息数据表。

2. 将上述 Excel 格式的遗址地理信息数据表在 ArcMap 中导入，并转换保存为 Shpfile 格式。在 Shpfile 格式文件中熟悉属性表的编辑、修改。

第七章
数据属性表及数据表之间的连接与关联

学习目的

(1) 掌握多层数据的批量筛选操作。
(2) 掌握属性表与外部 Excel 等表格以及数据库之间的转换操作。
(3) 理解由数据到属性表、属性表到数据表、数据表到数据库的递进关系,进而了解历史地理信息系统与数字人文之间的紧密关联。
(4) 认识到历史地理信息系统不是单纯的绘图工具,而是数字人文研究的基础性技术和方法,同时增加对数字人文的了解。

学习要求

(1) 通过属性表的连接操作,借助外在数据表和数据库来扩展内容。
(2) 搜集2—3个历史地理方面的数据表,观察其空间关联。
(3) 利用互联网了解数字人文的案例。

在矢量数据背后,数据表的作用往往更为重要,所以数据的批量编辑通过数据表之间的操作则效率更高,本章内容就是介绍数据属性表及一般数据表之间的关联性编辑。

第一节　多层数据表之间的批量筛选

利用属性表进行数据编辑的第一个步骤是对属性表的内容进行筛选,前面已经讲到过利用属性表进行数据选择的最简单的操作,即在一个图层内如何进行数据选择。现实工作中,常常会出现需要按照多个图层的相互关系进行选择,比如选择在A图层范围内的B图层的点数据。对于这种情况,就需要学习多层数据表之间的批量筛选。比如,利用《中国历史地图集》配准图片采集形成军镇、卫治所和镇堡铺驿点数据图层,表示不同层级的军事性聚落点(图7-1-1、图7-1-2)。如果要筛选出明代山东辽东区范围内的以上几类数据,采用批量位置选择就会简单很多。

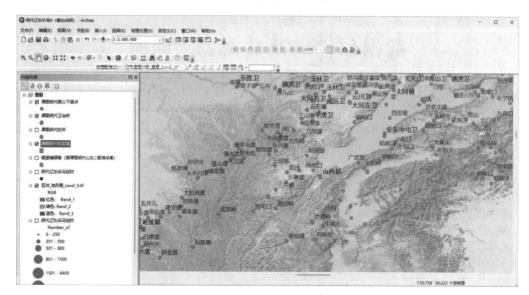

图7-1-1　据《中国历史地图集》明代部分采集的军事性治所点数据

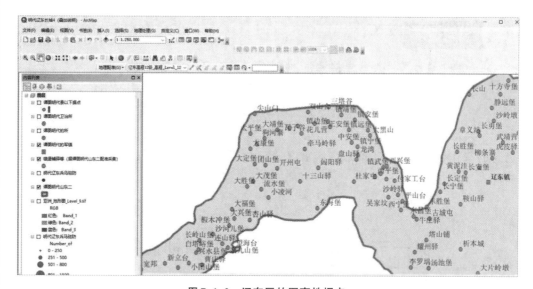

图7-1-2　辽东区的军事性据点

下面以数据较多的"谭图明代县以下据点"为例。首先,选择该图层,点击工具栏的【选择】按钮,选择下拉菜单中的【按位置选择】(图7-1-3)。

第七章 数据属性表及数据表之间的连接与关联   133

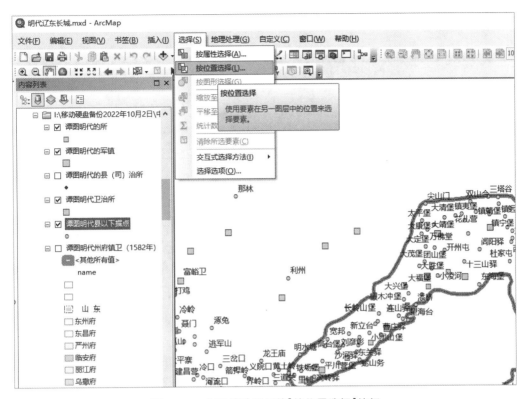

图 7-1-3　打开待选图层的【按位置选择】按钮

弹出的【按位置选择】对话框有四个比较重要的下拉选择窗口,即【选择方法】【目标图层】【源图层】和【目标图层要素的空间选择方法】。

首先,对于【选择方法】一栏,保持默认的"从以下图层中选择要素"项;在【目标图层】中,选择被筛选的图层,即"谭图明代县以下据点";在【源图层】中,下拉选择所制定的范围图层,即"谭图明代山东二"。

然后,在【目标图层要素的空间选择方法】(即目标图层与源图层的空间关系)的下拉菜单中选择"完全位于源图层要素范围内",点击【确定】按钮(图 7-1-4)。这时,源图层内的目标图层要素就被选择。筛选完成后,可以导出为重新命名的数据,如"明代辽东的镇堡铺驿"。卫治所和军镇的筛选方法与县以下据点的筛选操作相同。这样,就会获得单独的辽东范围内的各个层次的聚类点数据(图 7-1-5)。

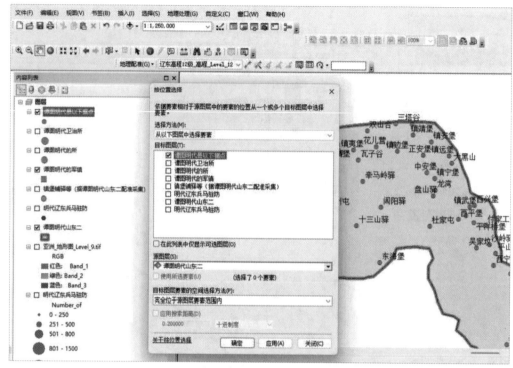

图 7-1-4 【选择方法】对话框

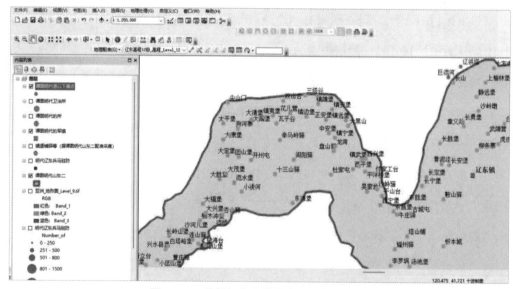

图 7-1-5 选择辽东区范围内的军事性据点

第二节 属性表的连接

当不同的图层存在字段以及内容上的交叠时，就可以通过互相连接进行内容扩展。比如，明代辽东地理数据中有一份"辽东城堡修筑时间"的数据，还有一份表示"辽东城堡大小（围长）"的数据，利用属性表关联可以获得一份包括两部分内容的数据（图7-2-1、图7-2-2）。

FID	Shape *	ID	name	time_recon
0	点	1	前屯城	1375
1	点	2	宁远卫城	1430
2	点	3	中前所城	1428
3	点	4	中后所城	1428
4	点	5	沙河中右所城	1430
5	点	6	塔山中左千户所	1430
6	点	7	铁场堡城	1442
7	点	8	永安堡城	1442
8	点	9	三山营堡城	1442
9	点	10	背阴障堡城	1546
10	点	11	平川营堡城	1442
11	点	12	瑞昌堡城	1442
12	点	13	三道沟堡城	1442
13	点	14	高台堡城	1442
14	点	15	新兴营堡城	1442
15	点	16	锦川营堡	1442
16	点	17	沙河堡城	1532
17	点	18	仙灵寺堡城	1442
18	点	19	黑庄窠堡城	1442
19	点	20	小团山堡城	1442
20	点	21	长岭山堡城	1442
21	点	22	松山寺堡城	1442
22	点	23	椴木冲堡城	1442
23	点	24	兴水峡堡城	1442
24	点	25	白塔峪堡城	1442
25	点	26	寨儿山堡城	1442
26	点	27	灰山堡城	1442
27	点	28	沙河儿堡城	1442
28	点	29	义州路城	1389
29	点	30	广宁中屯卫城	1391
30	点	31	松山中左千户所	1428
31	点	32	大凌河中左千户	1428
32	点	33	大兴堡城	1442
33	点	34	大福堡城	1442
34	点	35	大镇堡城	1442
35	点	36	大胜堡城	1442
36	点	37	大茂堡城	1442
37	点	38	大定堡城	1442
38	点	39	大安堡城	1442
39	点	40	大康堡城	1442

图 7-2-1　"辽东城堡修筑时间"属性表

FID	Shape	ID	name	cycle_leng
0	点	1	前屯城	2384
1	点	2	宁远卫城	3348
2	点	3	中前所城	1940
3	点	4	中后所城	1800
4	点	5	沙河中右所城	864
5	点	6	塔山中左千户所	1432
6	点	7	铁场堡城	860
7	点	8	永安堡城	900
8	点	9	三山营堡城	1200
9	点	10	背阴障堡城	1000
10	点	11	平川营堡城	1000
11	点	12	瑞昌堡城	900
12	点	13	三道沟堡城	740
13	点	14	高台堡城	840
14	点	15	新兴营堡城	800
15	点	16	锦川营堡	800
16	点	17	沙河堡城	1000
17	点	18	仙灵寺堡城	760
18	点	19	黑庄寨堡城	840
19	点	20	小团山堡城	840
20	点	21	长岭山堡城	840
21	点	22	松山寺堡城	820
22	点	23	椴木冲堡城	800
23	点	24	兴水岘堡城	1000
24	点	25	白塔峪堡城	900
25	点	26	泰儿山堡城	760
26	点	27	灰山堡城	740
27	点	28	沙河儿堡城	760
28	点	29	义州路城	4800
29	点	30	广宁中屯卫城	10800
30	点	31	松山中左千户所	1680
31	点	32	大凌河中左千户	1500
32	点	33	大兴堡城	800
33	点	34	大福堡城	800
34	点	35	大镇堡城	840
35	点	36	大胜堡城	800
36	点	37	大茂堡城	800
37	点	38	大定堡城	960
38	点	39	大安堡城	538
39	点	40	大康堡城	800

图7-2-2 "辽东城堡大小(围长)"属性表

首先,选中图层,点击鼠标右键,在弹出的菜单中选择【连接和关联】,下一步选择【连接】(图7-2-3)。

在弹出的【连接数据】对话框中,有三个需要设定的栏目。

(1)【选择该图层中连接将基于的字段】,即"辽东城堡修筑时间"图层和"辽东城堡大小(围长)"图层在连接时,以哪个字段为基础。选择"name",意思是查找到大小(围长)图层中字段同为"name"且字段内容相同的要素进行连接。

(2)【选择要连接到此图层的表,或者从磁盘加载表】,在下拉框中设定为"辽东城堡大小(围长)"。

(3)【选择此表中要作为连接基础的字段】,同理于"选择该图层中连接将基于的字段",选择"name"字段。后面可以默认,然后点击【确定】按钮(图7-2-4)。

第七章 数据属性表及数据表之间的连接与关联　137

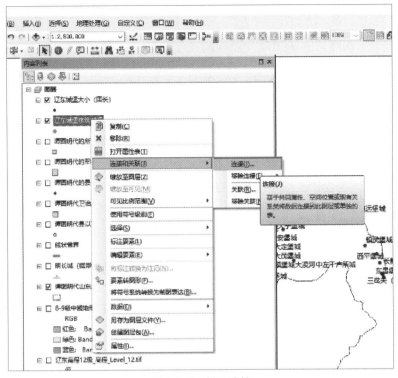

图 7-2-3　打开连接

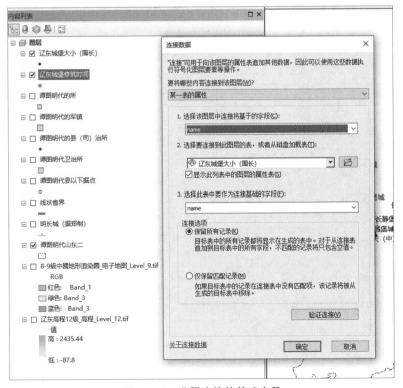

图 7-2-4　设置连接的基础字段

这时，再打开"辽东城堡修筑时间"图层的属性表，就会发现属性表内已经合并了两个图层的字段和内容信息(图7-2-5)。

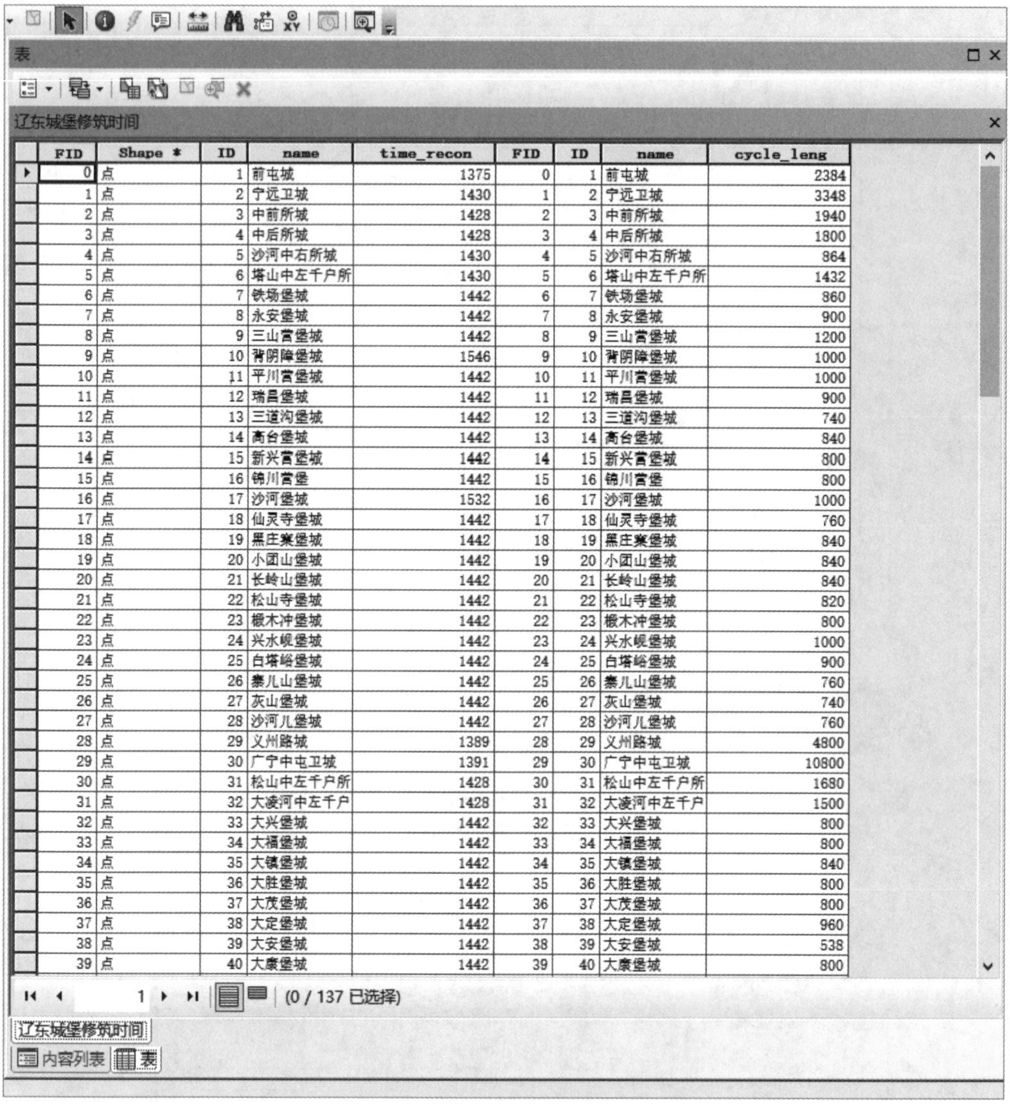

图 7-2-5　添加了另外一个字段内容的属性表

然后将数据导出，重新命名，并删除冗余字段，即可获得具有修筑时间及大小(围长)两个字段内容的数据(图7-2-6、图7-2-7)。

第七章 数据属性表及数据表之间的连接与关联

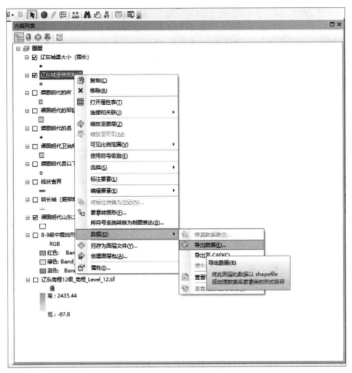

图 7-2-6 导出保存已经连接新属性的数据

图 7-2-7 删除冗余字段后所获得的内容扩充的数据属性表

第三节　数据属性表与外部Excel表的连接

前面讲到带有经纬度值内容字段的Excel表可以导入ArcMap生成shp数据，属性表也可以导出为Excel表，矢量数据的属性表之间通过连接能够获得内容的扩展，那么属性表能不能与外部的Excel表连接扩展字段内容呢？也是可以的。下面以"北宋1078年京东路州府军政区"的数据与"北宋京东路户口"统计表之间的连接操作为例来进行说明（图7-3-1）。

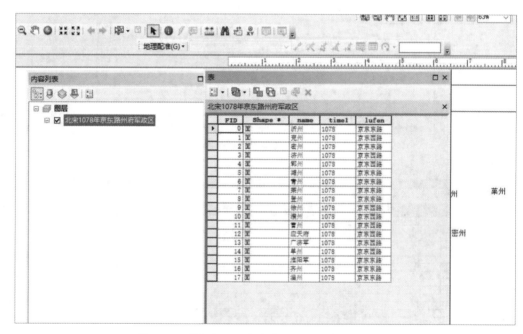

图7-3-1　"北宋1078年京东路州府军政区"的数据

首先有两份资料："北宋1078年京东路州府军政区"的数据（面数据），字段中包括州府军名称；另一份是记录"北宋京东路户口"的Excel格式的统计表，字段中包括州府军名称、面积和各个州府军的户口总数（图7-3-2）。

如果要对京东路各州府军的户口数量进行地理可视化，就需要在政区数据中增加户口数量相关内容。这时，就会用到属性表与外部Excel表的连接操作。两种数据连接之前，Excel表的版本要求是".xls"格式。

先在打开的ArcMap文档中添加政区数据，然后选择【目录列表】中的政区图层，点击鼠标右键，在弹出的菜单中选择【连接和关联】，再点击【连接】（图7-3-3）。

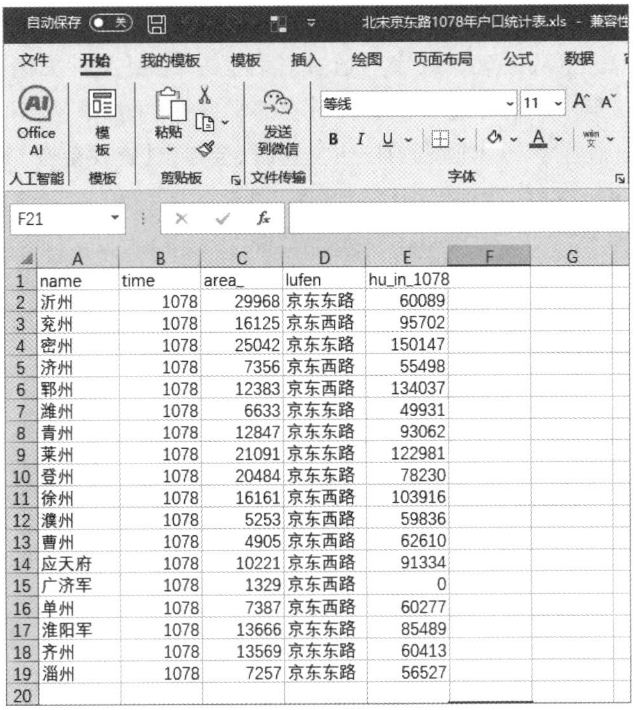

	A	B	C	D	E
1	name	time	area_	lufen	hu_in_1078
2	沂州	1078	29968	京东东路	60089
3	兖州	1078	16125	京东西路	95702
4	密州	1078	25042	京东东路	150147
5	济州	1078	7356	京东西路	55498
6	郓州	1078	12383	京东西路	134037
7	潍州	1078	6633	京东东路	49931
8	青州	1078	12847	京东东路	93062
9	莱州	1078	21091	京东东路	122981
10	登州	1078	20484	京东东路	78230
11	徐州	1078	16161	京东西路	103916
12	濮州	1078	5253	京东西路	59836
13	曹州	1078	4905	京东西路	62610
14	应天府	1078	10221	京东西路	91334
15	广济军	1078	1329	京东西路	0
16	单州	1078	7387	京东西路	60277
17	淮阳军	1078	13666	京东东路	85489
18	齐州	1078	13569	京东东路	60413
19	淄州	1078	7257	京东东路	56527
20					

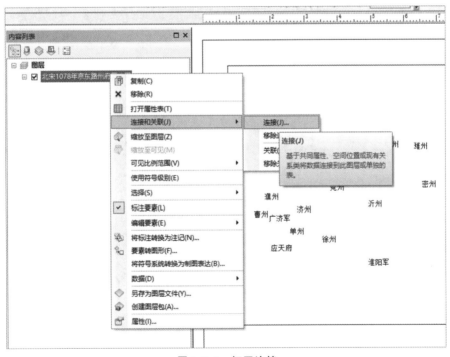

图 7-3-2　含有面积和户口数量的北宋京东路数据表

图 7-3-3　打开连接

然后在弹出的对话框中进行连接设定,对话框与属性表之间的连接对话框内容一致,操作步骤也基本相同(图 7-3-4)。如设定【选择该图层中连接将基于的字段】为

"name",在【选择要连接到此图层的表,或者从磁盘加载表】提示语下,我们选择的是外部Excel表,所以就是"从磁盘加载表",通过对话框右侧的【文件夹浏览】按钮,引导至"北宋京东路1078年户口统计表.xls"文件所在的文件夹,添加该文档(注意该表的格式一定是后缀为".xls")。再点击【添加】按钮。这时,会弹出【查找范围】对话框窗口,窗口内出现命名为"Sheet1$"的文件,默认添加(图7-3-5)。

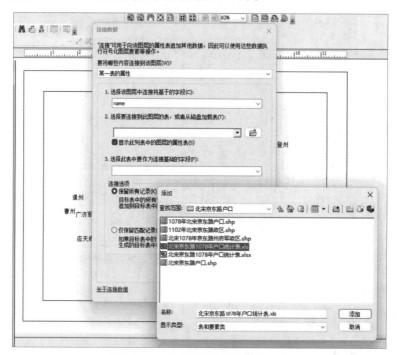

图 7-3-4　设置待连接的数据表内容

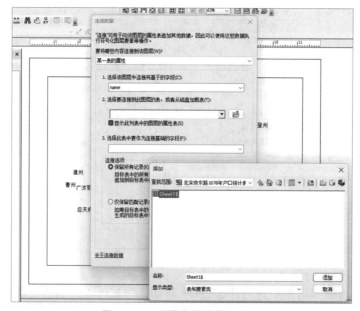

图 7-3-5　设置连接的基础字段

再在【连接数据】对话框中的【选择此表中要作为连接基础的字段】的下拉菜单中选择"name",点击【确定】按钮(图7-3-6)。

图7-3-6 确定设置连接要求

打开【北宋1078年京东路州府军政区】图层的属性表,就会发现该属性表内添加了Excel表中的内容(图7-3-7)。

FID	Shape *	name	time1	lufen	name	time	area_	lufen	hu_in_1078
0	面	沂州	1078	京东东路	沂州	1078	29968	京东东路	60089
1	面	兖州	1078	京东西路	兖州	1078	16125	京东西路	95702
2	面	密州	1078	京东东路	密州	1078	25042	京东东路	150147
3	面	济州	1078	京东西路	济州	1078	7356	京东西路	55498
4	面	郓州	1078	京东西路	郓州	1078	12383	京东西路	134037
5	面	潍州	1078	京东东路	潍州	1078	6633	京东东路	49931
6	面	青州	1078	京东东路	青州	1078	12847	京东东路	93062
7	面	莱州	1078	京东东路	莱州	1078	21091	京东东路	122981
8	面	登州	1078	京东东路	登州	1078	20484	京东东路	78230
9	面	徐州	1078	京东西路	徐州	1078	16161	京东西路	103916
10	面	濮州	1078	京东西路	濮州	1078	5253	京东西路	59836
11	面	曹州	1078	京东西路	曹州	1078	4905	京东西路	62610
12	面	应天府	1078	京东西路	应天府	1078	10221	京东西路	91334
13	面	广济军	1078	京东西路	广济军	1078	1329	京东西路	0
14	面	单州	1078	京东西路	单州	1078	7387	京东西路	60277
15	面	淮阳军	1078	京东东路	淮阳军	1078	13666	京东东路	85489
16	面	齐州	1078	京东东路	齐州	1078	13569	京东东路	60413
17	面	淄州	1078	京东东路	淄州	1078	7257	京东东路	56917

图7-3-7 内容扩充了的属性表

导出数据,重新命名,然后删去冗余字段和内容,就生成了一份带有户口数量内容的政区数据。这样的政区数据通过图表中的【条形图/柱状图】设置柱状图来表示各州军政区人口的数量(图7-3-8)。

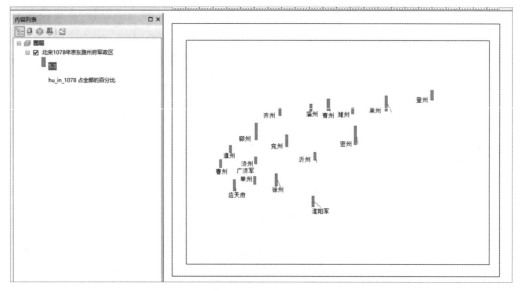

图 7-3-8　导入属性得以扩展的数据图层

正是因为数据表、数据之间由于地理关系，能够形成丰富的扩展和关联，所以不仅要编制单一的数据表和进行简单的数据编辑，而且要尽量去构建数据库，尤其是基础数据库，这样可以进行更丰富的可视化和地理分析。

第四节　文件地理数据库的创建

在 ArcGIS 中，个人创建的数据最常用的是地理数据库，除此之外，也经常会导入 Excel 表数据，但是 Excel 表数据需要转换为属性表数据才方便进一步操作。以下我们主要介绍文件地理数据库的创建与 Excel 表转换为属性表的操作过程。

地理数据库的创建是 ArcGIS 操作的基础，ArcGIS 中创建的数据库包括文件地理数据库(O)、个人地理数据库(P)两种。其主要区别是，文件地理数据库比个人地理数据库的存储空间要大。因此，如果数据量比较多的情况下，我们一般选择创建文件地理数据库。

案例：以《中国历史地图集》唐代部分"唐代京畿道关内道图"为基础，创建"唐代京畿道关内道政区数据库"。

（1）在硬盘内新建文件夹并命名，如命名为"唐代京畿道关内道政区数据库"。

（2）打开 ArcCatalog，鼠标左键单击【连接到文件夹】—【唐代京畿道关内道政区数据库】，点击【确定】按钮(图 7-4-1)。

图 7-4-1 【连接到文件夹】对话框

（3）鼠标右键点击空白处—【新建】—【文件地理数据库】，并修改数据库名称为"唐代京畿道关内道数据库.gdb"（图 7-4-2）。

图 7-4-2 新建的"唐代京畿道关内道数据库"

（4）鼠标左键双击"唐代京畿道关内道数据库.gdb"，鼠标右键点击空白处—【新建】—【要素类】。

（5）在【新建要素类】对话框中修改名称，要素类型选择"点要素"，点击【下一页】（图 7-4-3）。

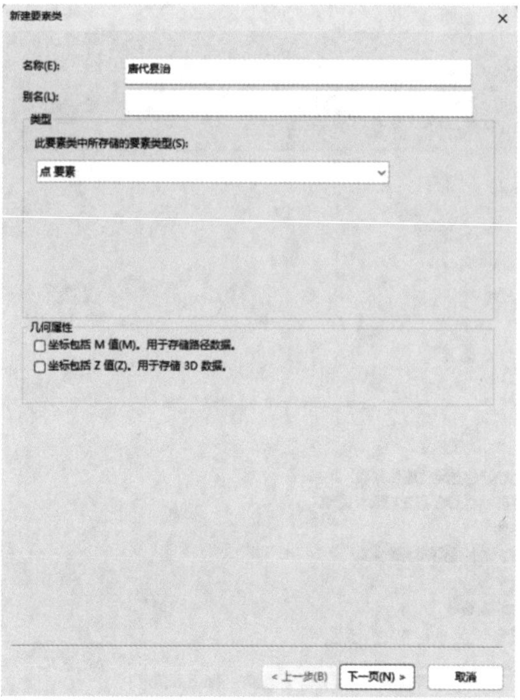

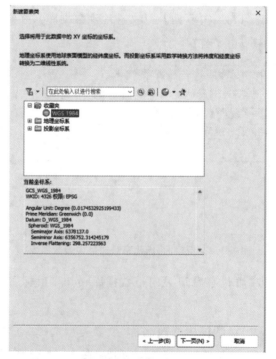

图 7-4-3 【新建要素类】添加名称对话框

（6）选择地理坐标系"WGS 1984"，点击【下一页】（图 7-4-4）。【新建要素类】可修改 XY 容量（图 7-4-5）、指定数据库存储配置（图 7-4-6）。如不用修改，皆点击【下一页】。

图 7-4-4 【新建要素类】添加坐标系对话框

第七章 数据属性表及数据表之间的连接与关联

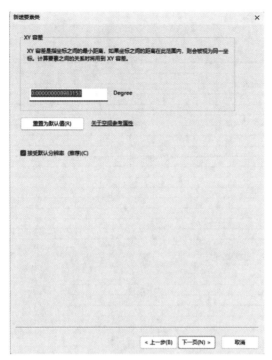

图 7-4-5 【新建要素类】修改 XY 容量对话框

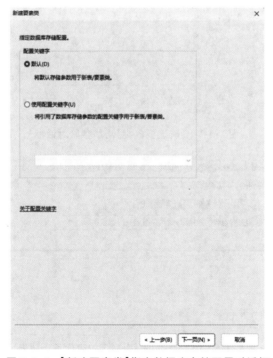

图 7-4-6 【新建要素类】指定数据库存储配置对话框

(7)添加并修改字段,我们这里添加"名称""所属州"字段,【数据类型】选择"文本",【字段长度】修改为"20",点击【完成】(图7-4-7),完成后对话框如图7-4-8所示。

图 7-4-7 【新建要素类】添加字段对话框

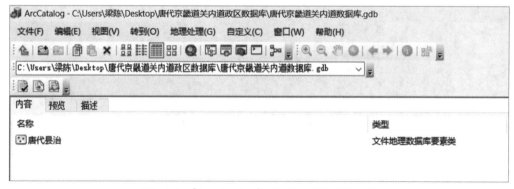

图 7-4-8 【ArcCatalog】中显示的唐代县治要素

（8）以同样的方式创建其他要素。这里，示例的点要素包括唐代州治、唐代县治以及唐代的镇、关隘，线要素包括河流、道路，面要素包括州级行政区（图7-4-9）。

第七章 数据属性表及数据表之间的连接与关联

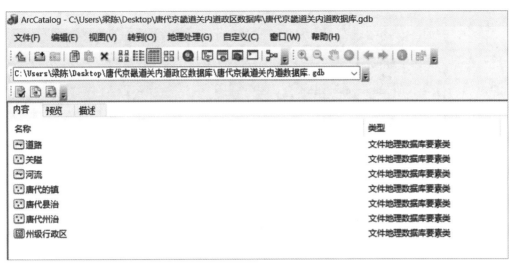

图 7-4-9 创建完成后的【ArcCatalog】对话框显示的要素

需要注意的是,创建线要素时,要素类型选择"线要素",如河流(图 7-4-10);创建面要素时,要素类型选择"面要素",如州级行政区(图 7-4-11)。

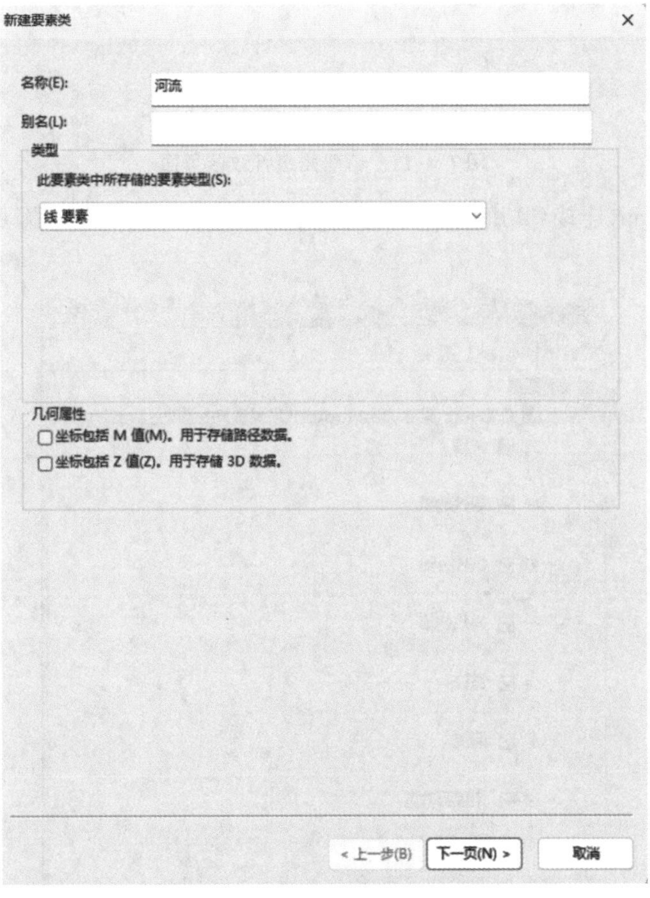

图 7-4-10 新建河流要素页面

图 7-4-11 新建州级行政区页面

打开 ArcMap,连接到"唐代京畿道关内道政区数据库"文件夹,即可进行编辑操作（图 7-4-12）。

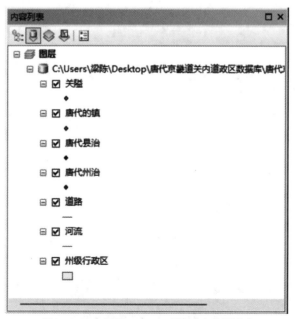

图 7-4-12 打开 ArcMap 后的【内容列表】

/ 思考题 /

1. 主题性历史地理数据表构建常用方法有哪些?
2. 思考数据框构建对于历史地理学研究、学习的意义。
3. 丰富历史地理信息数据库与数字人文发展的关系。

/ 操作题 /

1. 以复旦大学中国历史地理研究所(http://yugong.fudan.edu.cn/)—中国历史地理信息系统(CHGIS)中下载的1820年、1911年行政区划数据为基础,另外选择自己感兴趣的主题制成Excel格式的地理信息数据表,在ArcMap中,将数据属性表与Excel格式的地理信息数据表进行连接。

2. 选择自己感兴趣的主题,创建属于个人的历史地理信息数据库。

第八章
历史地理史料与成果的数据化

 学习目的

（1）对历史地理数据内容依据四类不同的重要来源有全面的认识。
（2）能够具有对各类历史地理资料进行数据化处理的基本能力。

 学习要求

（1）对历史资料的四类来源有较系统的理解和认识。
（2）对古籍文献中的数量化地理资料具有数据化的意识。
（3）对考古资料具有空间性数据转换的意识和能力。
（4）对研究成果中的历史地理信息具有数据转换的意识和能力。

从原则上来讲，只要有空间信息的资料，都可以进行数据化处理。按照历史研究常用的资料类别划分，可以进行数据化的历史资料类别包括传世文献资料、文物考古资料、研究论著论文、图集资料等。

第一节　史籍资料的数据化处理

案例：《宋史》卷一百九十一《兵五》所载"蕃兵数量"数据化处理。

说明：《宋史》卷一百九十一《兵五》记载有不同寨堡的基本信息，如秦凤路上的三阳寨："三阳寨，十八门、三十四大部族、四十三姓、一百八十族，总兵马三千四百六十七。"（其中，"砦"同"寨"）（图8-1-1）；古渭寨："古渭寨，一百七十二门、一百七十一姓、十二大部族、一万六千九百七十小帐，兵七千七百、马一千四百九十。"（图8-1-2）我们可以根据记载，对文字里的信息进行数据化处理，进而构建数据库。

七百，悉無衣廩。若長行邊得禁兵奉給，則蕃官必生徼望。況歲罕見敵，何用長與廩給？且錢入熟戶，蕃部資市羊馬、青鹽轉入河西，亦非策也。若遇有警，旋以金帛募勇猛，為便。」議遂格。

治平二年，詔陝西四路駐泊鈐轄秦鳳梁蓬、涇原李若愚、環慶王昭明、鄜延韓則順各管勾本路蕃部，團結強人、壯馬，預為經畫，寇至則老弱各有保存之所。仍諭蓬等往來蕃帳，受其牒訴，伸其屈抑，察其反側者稠繁之，勿令猜阻以萌釁隙。蓬等至蕃部召首領，稱詔犒勞，齎以金帛；籍城砦兵馬，計族望大小，分隊伍，給旗幟，使各繕堡壘，人置器甲，以備調發。仍約：如令下不集，押隊首領以軍法從事。自治平四年以後，蕃部族帳益多，而撫御團結之制益密，故別附于其後云：

秦鳳路：砦十三，強人四萬一千一百九十四，壯馬七千九百九十一。大部族、四十三姓、一百八十族，總兵馬三千四百六十七。隴城砦，五門、五大部族、三十四小族、三十四姓，總兵馬二千五十四。 弓門砦，二大門、十七部族、十七小族，總兵姓、九小部族，總兵馬三百六十。 康隴砦(⁇)，二大門、二大部族、十一小族，總兵馬一千七百四。 冶坊砦(⁇)，二大門、二大部族、九三，計大部族十、六姓、十六姓，總兵馬六百二十五。 定西砦，四門、四大部族、十六姓、二十八族，總兵馬六百。 靜戎砦，門伏羌砦，二門、二大部族、三十二姓、三十三小部族，總兵馬一千九百九十二。 安遠砦，二十三門、二十三大部族、一百

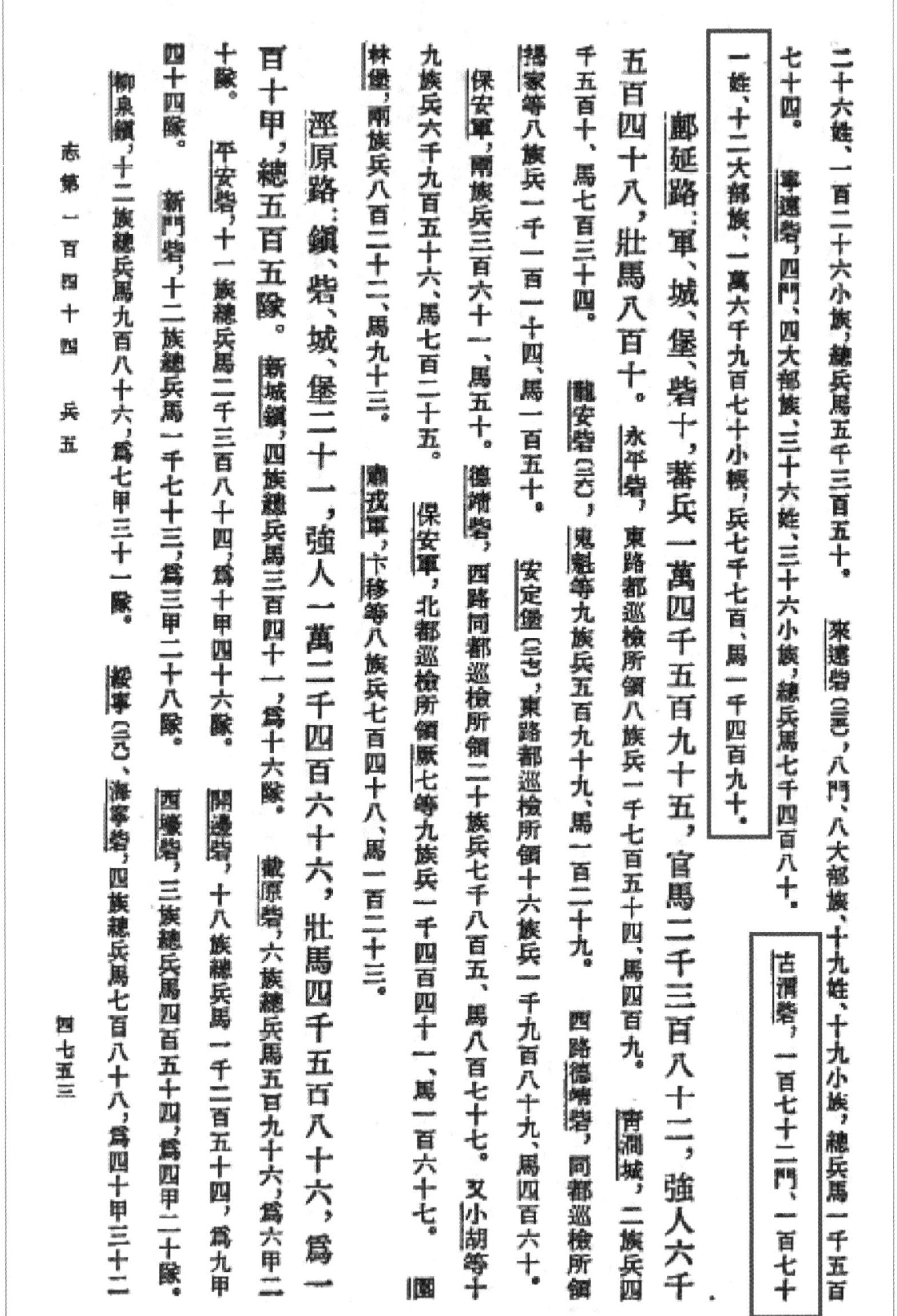

二十六姓，一百二十六小族，總兵馬五千三百五十。來遠砦〔三〕，八門、八大部族、十九姓、十九小族，總兵馬一千五百七十四。寧遠砦，四門、四大部族、三十六姓、三十六小族，總兵馬七千四百八十。一姓、十二大部族，一萬六千九百七十小帳，兵七千七百、馬一千四百九十。古渭砦，一百七十二門、一百七十五百四十八、壯馬八百十。

鄜延路：軍、城、堡、砦十，蕃兵一萬四千五百九十五，官馬二千三百八十二，強人六千九百八十九、馬四百六十。又小胡等十四路德靖砦，同都巡檢所領龍安砦〔云〕，鬼魁等九族兵五百九十九、馬一百二十九。永平砦，東路都巡檢所領八族兵一千七百五十四、馬四百九。唐週城，二族兵千五百四十、馬七百三十四。

保安軍，北都巡檢所領厭七等九族兵一千四百四十一、馬一百六十七。德靖砦，西路同都巡檢所領二十族兵七千八百五、馬八百七十七。安定堡〔七〕，東路都巡檢所領十六族兵一千九百八十九、馬四百六十。

揭家等八族兵一千一百十四、馬一百五十。

保安軍，蘭族兵三百六十一、馬五十。

九族兵六千九百五十六、馬七百二十五。

林堡，兩族兵八百二十二、馬九百三十三。

涇原路：鎮、砦、城、堡二十一，強人一萬二千四百六十六，壯馬四千五百八十六，為一百十甲，總五百五隊。新城鎮，四族總兵馬三百四十一、為十六隊。通峽軍，卜移等八族兵七百四十八、馬一百二十三。

平安砦，十一族總兵馬二千三百八十四、為十甲四十六隊。開邊砦，十八族總兵馬一千二百五十四、為九甲二十隊。截原砦，六族總兵馬五百九十六、為六甲二十隊。

新門砦，十二族總兵馬七百八十三、為三甲二十八隊。西壕砦，三族總兵馬四百五十四、為四甲二十隊。綏寧〔八〕、海寧砦，四族總兵馬七百八十八、為四十甲三十二

柳泉鎮，十二族總兵馬九百八十六、為七甲三十一隊。

志第一百四十四　兵五　　　四七五三

图 8-1-2　《宋史》卷一百九十一《兵五》PDF 扫描版第 4753 页截图

一、录入字段信息

（一）步骤一

结合原文记载，根据研究需要，设定需要数据化的内容。我们这里设定字段分别为 ID（根据所在页码、寨堡排序设置）、寨堡名称、经度、纬度、所属路、士兵数量、马匹数量、人马总数、族数。

（二）步骤二

创建宋代西北寨堡兵马数量 Excel 表（图 8-1-3）。

	A	B	C	D	E	F	G	H	I
1	ID	寨堡名称	经度	纬度	所属路	士兵数量（人）	马匹数量（匹）	兵马总数	族数
2									
3									
4									
5									
6									

图 8-1-3　创建的宋代西北寨堡兵马数量 Excel 表

（三）步骤三

根据史料记载，将数据填入表格（图 8-1-4），以下面两则材料为例。其他的操作不在这里一一展示。

材料一："三阳寨，十八门、三十四大部族、四十三姓、一百八十族，总兵马三千四百六十七。"

材料二："古渭寨，一百七十二门、一百七十一姓、十二大部族、一万六千九百七十小帐，兵七千七百、马一千四百九十。"

	A	B	C	D	E	F	G	H	I
1	ID	寨堡名称	经度	纬度	所属路	士兵数量（人）	马匹数量（匹）	兵马总数	族数
2	4752-1	三阳寨			秦凤路	0	0	3467	180
3	4752-2	陇城寨			秦凤路	0	0	2054	34
4	4752-3	弓门寨			秦凤路	0	0	1704	17
5	4752-4	冶坊寨			秦凤路	0	0	360	9
6	4752-5	床穰寨			秦凤路	0	0	1080	11
7	4752-6	静戎寨			秦凤路	0	0	625	16
8	4752-7	定西寨			秦凤路	0	0	600	28
9	4752-8	伏羌寨			秦凤路	0	0	1992	33
10	4752-9	安远寨			秦凤路	0	0	5350	126
11	4753-1	来远寨			秦凤路	0	0	1574	19
12	4753-2	宁远寨			秦凤路	0	0	7480	36

图 8-1-4　北宋西北寨堡藩兵数量数据表（部分）

二、查找寨堡经纬度坐标

利用相关资料、前人研究成果，以及自己的研究，判定寨堡现今位置。以三阳寨、古渭寨为例,三阳寨在今甘肃省天水市麦积区青宁村附近,古渭寨在今甘肃省定西市陇西县南山新村附近。

利用百度地图、谷歌地球或者Bigmap等进行坐标查询(以下利用百度地图进行示例)。

(1)在浏览器输入搜索"百度地图"(图8-1-5)。

图8-1-5 "百度地图"页面

(2)点击进入"百度地图官网"(图8-1-6)。

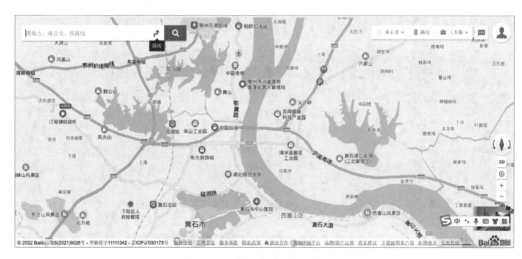

图8-1-6 "百度地图官网"页面

(3)点击页面下方的"地图开放平台"(图8-1-7)。

第八章　历史地理史料与成果的数据化

图 8-1-7 "百度地图开发平台"页面

（4）点击页面上方的"开发者频道"（图 8-1-8）。

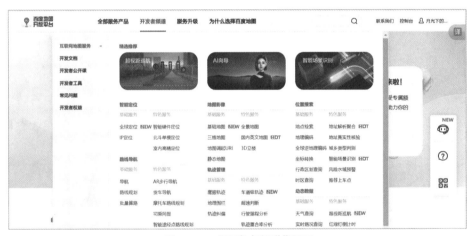

图 8-1-8 "开发者频道"页面

（5）将鼠标放置在左侧"开发者工具"（图 8-1-9），然后鼠标左键点击"坐标拾取器"（图 8-1-10）。

图 8-1-9 "开发者工具"页面

图 8-1-10 "拾取坐标系统"页面

（6）"更换城市"。如想查询甘肃省天水市的地名,则选择"甘肃"—"天水"（图 8-1-11）。

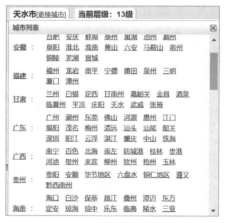

图 8-1-11 【城市列表】页面

（7）查询"甘肃省天水市麦积区青宁村"（图 8-1-12）。

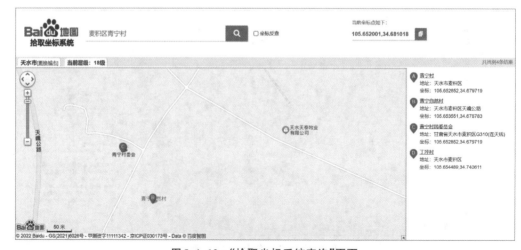

图 8-1-12 "拾取坐标系统查询"页面

(8)获取查询结果,复制经纬度至 Excel 表(图 8-1-13)。

	A	B	C	D	E	F	G	H	I
1	ID	寨堡名称	经度	纬度	所属路	士兵数量(人)	马匹数量(匹)	兵马总数	族数
2	4752-1	三阳寨	105.652001	34.681018	秦凤路	0	0	3467	180
3	4752-2	陇城寨	105.974716	35.000839	秦凤路	0	0	2054	34
4	4752-3	弓门寨	106.299507	34.940652	秦凤路	0	0	1704	17
5	4752-4	冶坊寨	106.153176	34.902686	秦凤路	0	0	360	9
6	4752-5	床穰寨	106.072274	34.759324	秦凤路	0	0	1080	11
7	4752-6	静戎寨	105.825	34.738	秦凤路	0	0	625	16
8	4752-7	定西寨	105.609	34.722	秦凤路	0	0	600	28
9	4752-8	伏羌寨	105.330174	34.742344	秦凤路	0	0	1992	33
10	4752-9	安远寨	105.27735	34.880828	秦凤路	0	0	5350	126
11	4753-1	来远寨	105.025	34.697	秦凤路	0	0	1574	19
12	4753-2	宁远寨	104.887594	34.729494	秦凤路	0	0	7480	36

图 8-1-13 北宋西北寨堡藩兵数据表(部分)

这种表格自然是可以直接生成 shp 数据的,具体操作见前文。

第二节 考古文献中历史信息的数据化加工

案例:2005 年文物出版社出版的《良渚遗址群》(浙江省文物考古研究所编),第 86—92 页"附表:遗址清单"。

说明:浙江省文物考古研究所编的《良渚遗址群》第 86—92 页"附表:遗址清单"对良渚遗址各遗址点的名称、经纬度、面积、相对高度等信息有比较详细的记录(图 8-2-1、图 8-2-2),可以转换为表格,进而构建数据库。

图 8-2-1 《良渚遗址群》书影

编号	遗址名称	已知时代	已知类型	地貌	面积(平方米)	相对高度(米)	经纬度	海拔(米)	地属	保存状况	考古工作
001	羊尾巴山	良渚中期	墓地	坡地	4000	2~4	120°02′15.6″ 30°25′53.9″	10	德清县三合乡新星村	1987 和 1994 年被严重盗掘，此后又多次被盗，遗址彻底被毁。	
002	宗家里			坡地	2000	2~5	120°01′58.8″ 30°25′57.4″	10	安溪镇下溪湾村		
003	观音地			土丘	3000	1~2.5	120°01′46.2″ 30°25′52.0″	4.5	安溪镇下溪湾村	曾被取土破坏，形状呈“凸”字形。	
004	小竹山	良渚中期	墓地	坡地	5000	1~5	120°01′36.1″ 30°25′49.0″	9	安溪镇下溪湾村	1992 年发现良渚玉器后多次被盗掘，遗址近毁。	
005	窑墩			坡地	8000	1~5	120°01′32.9″ 30°25′46.2″	8	安溪镇下溪湾村	曾被盗掘。	
006	瑶山	良渚中期	祭坛墓地	山头	6000	35	120°00′54.8″ 30°25′40.0″	35.7	安溪镇下溪湾村	1987 年遭疯狂盗掘，此后又多次被盗掘。	1987 年抢救性发掘，1996~1998 年全面揭露。
007	馒头山			山头	3000	15	120°00′53.9″ 30°25′34.1″	37.3	安溪镇下溪湾村	顶部被后代破坏，北侧有盗坑发现。	1998 年试掘。

图 8-2-2　良渚遗址清单(部分)

一、将 PDF 格式的表格转换为 Excel 表

利用 OCR 相关软件(下面用的是 ABBYY FineReader)将 PDF 格式的表格转换为 Excel 表(图 8-2-3)，并进行人工校对。

	B	C	D	E	F	G	H	I	J	K	L	M
1	遗址名称	已知时代	已知类型	地貌	面积（平方米）	相对高度（米）	经度	纬度	海拔（米）	地属	保存状况	考古工作
2	羊尾巴山	良渚中期	墓地	坡地	4000	2-4	120° 02′ 15.6″	30° 25′ 53.9″	10	德清县三合乡新星村	1987和1994年被严重盗掘，此后又多次被盗，遗址彻底被毁。	
3	宗家里			坡地	2000	2-5	120° 01′ 58.8″	30° 25′ 57.4″	10	安溪镇下溪湾村		
4	观音地			土丘	3000	1-2.5	120° 01′ 46.2″	30° 25′ 52.0″	4.5	安溪镇下溪湾村	曾被取土破坏，形状呈“凸”字 形。	
5	小竹山	良渚中期	墓地	坡地	5000	1-5	120° 01′ 36.1″	30° 25′ 49.0″	9	安溪镇下溪湾村	1992年发现良渚玉器后多次被盗掘，遗址近毁。	
6	窑墩			坡地	8000	1-5	120° 01′ 32.9″	30° 25′ 46.2″	8	安溪镇下溪湾村	曾被盗掘。	
7	瑶山	良渚中期	祭坛墓地	山头	6000	35	120° 00′ 54.8″	30° 25′ 40.0″	35.7	安溪镇下溪湾村	1987年遭疯狂盗掘，此后又多次被盗掘。	1987年抢救性发掘.1996—1998年 全面揭露。
8	馒头山			山头	3000	15	120° 00′ 53.9″	30° 25′ 34.1″	37.3	安溪镇下溪湾村	顶部被后代破坏，北侧有盗坑发现。	1998年试掘。
9	凤凰山脚			坡地	10000	2-10	120° 00′ 48.5″	30° 25 ′ 29.0″	12	安溪镇下溪湾村	曾被盗掘。	1998年试掘。

图 8-2-3　OCR 转换校对后的良渚遗址表格

二、将经纬度的度、分、秒格式转换为十进制格式

在原书表格中，各遗址点的经纬度为度、分、秒(°、′、″)格式，不方便 ArcMap 自动识别，我们可以通过公式将其转换为十进制格式。

(1)在 Excel 表中插入两列，为了方便区分，可以分别命名为“十进制经度”“十进制纬度”(图 8-2-4)。

(2)利用函数公式进行坐标转换一般函数公式：

=LEFT(A1, FIND("°", A1)－1)＋MID(A1, FIND("°", A1)＋1, FIND("′", A1)－FIND("°", A1)－1)/60＋MID(A1, FIND("′", A1)＋1, FIND("″", A1)－FIND("′", A1)－1)/3600

（3）在Excel表J2中输入上述公式（图8-2-5）。

图8-2-4　插入"十进制经度""十进制纬度"列后的表格

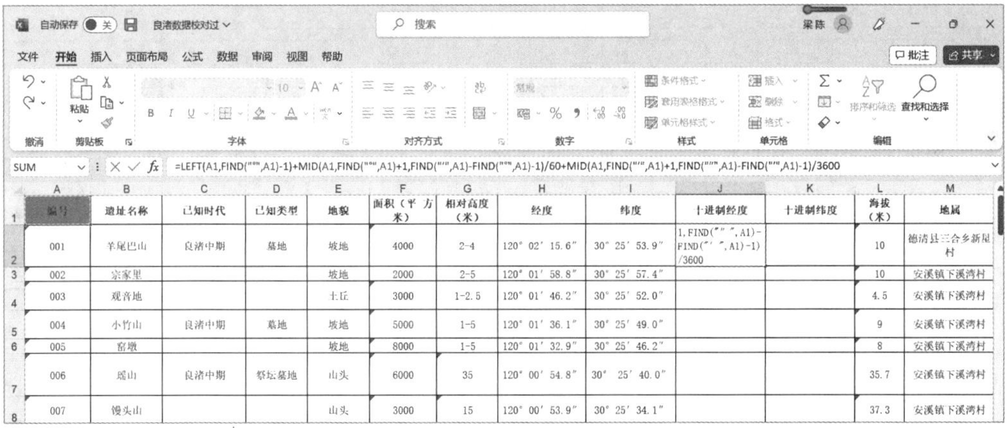

图8-2-5　输入公式后的对话框

（4）因需要转换的经纬度对应H2，故需要将公式中的"A1"全部替换为"H2"。

点击Excel表中的"查找和选择"—"替换"，输入查找内容为"A1"，替换内容为"H2"，点击"全部替换"（图8-2-6、图8-2-7）。

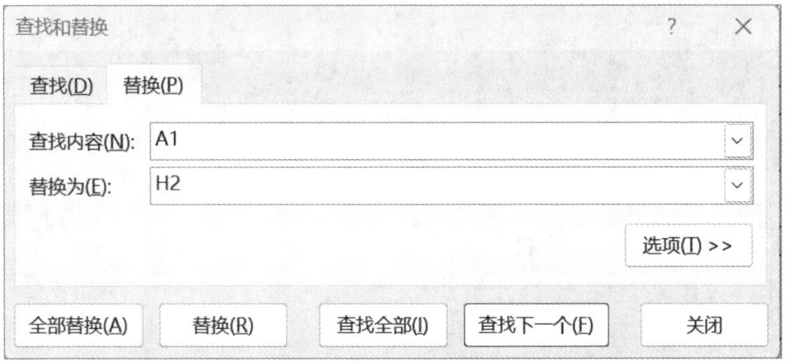

图8-2-6　将公式中的"A1"全部替换为"H2"操作页面

图 8-2-7　函数公式转换后的 J2 结果显示

（5）拖拽 J2 数据框，即可得到转换数据（图 8-2-8）。完成后的地图如图 8-2-9 所示。

图 8-2-8　经纬度转换完成后的数据表（部分）

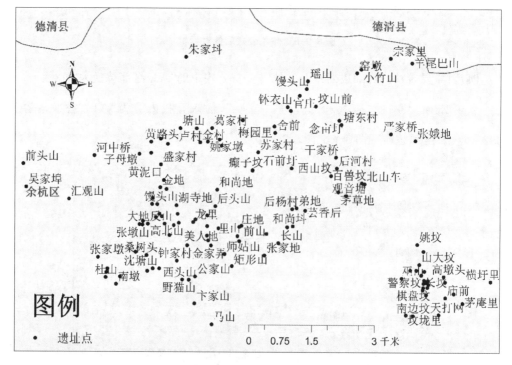

图 8-2-9　完成后的地图

第三节 成果文献中历史信息的数据化加工

案例一：2006年上海古籍出版社出版的《明代驿站考》(杨正泰著)。

说明：杨正泰先生在《明代驿站考》一书中，以省为纲，对明代驿站进行了考证，涉及驿站的名称、位置、所在府县、史料依据等信息(图8-3-1、图8-3-2)。我们可以在此基础上将文字信息进行数据化处理，进而构建“明代驿站数据库”。

图8-3-1 《明代驿站考》书影

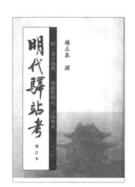

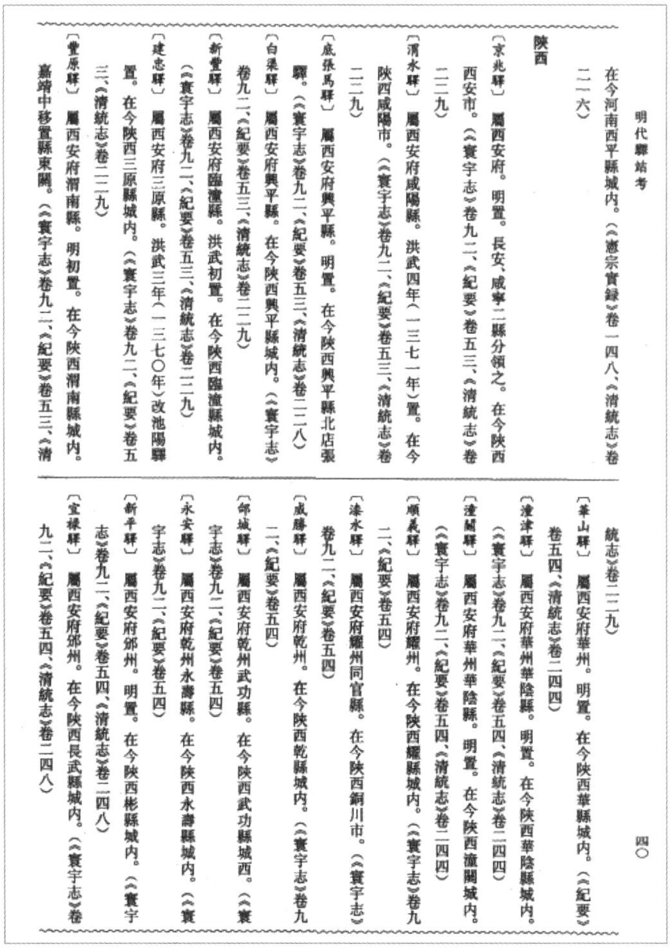

明代驛站考

在今河南西平縣城內。（《憲宗實録》卷一四八、《清統志》卷二一六）

陝西

〔京兆驛〕 屬西安府。明置。長安、咸寧二縣分領之。在今陝西西安市。（《寰宇志》卷九二、《紀要》卷五三、《清統志》卷二二九）

〔渭水驛〕 屬西安府咸陽縣。洪武四年（一三七一年）置。在今陝西咸陽市。（《寰宇志》卷九二、《紀要》卷五三、《清統志》卷二二九）

〔底張馬驛〕 屬西安府興平縣。明置。在今陝西興平縣北店張驛。（《寰宇志》卷九二、《紀要》卷五三、《清統志》卷二二八）

〔白渠驛〕 屬西安府興平縣。在今陝西興平縣城內。（《寰宇志》卷九二、《紀要》卷五三、《清統志》卷二二九）

〔新豐驛〕 屬西安府臨潼縣。洪武初置。在今陝西臨潼縣城內。（《寰宇志》卷九二、《紀要》卷五三、《清統志》卷二二九）

〔建忠驛〕 屬西安府三原縣。洪武三年（一三七〇年）改池陽驛置。在今陝西三原縣城內。（《寰宇志》卷九二、《紀要》卷五三、《清統志》卷二二九）

〔豐原驛〕 屬西安府渭南縣。明初置。在今陝西渭南縣城內。嘉靖中移置縣東關。（《寰宇志》卷九二、《紀要》卷五三、《清統志》卷二二九）

〔華山驛〕 屬西安府華州。明置。在今陝西華縣城內。（《紀要》卷五四、《清統志》卷二四四）

〔潼津驛〕 屬西安府華州華陰縣。明置。在今陝西華陰縣城內。（《寰宇志》卷九二、《紀要》卷五四、《清統志》卷二四四）

〔潼關驛〕 屬西安府華州華陰縣。明置。在今陝西潼關城內。（《寰宇志》卷九二、《紀要》卷五四、《清統志》卷二四四）

〔順義驛〕 屬西安府耀州。在今陝西耀縣城內。（《寰宇志》卷九二、《紀要》卷五四）

〔漆水驛〕 屬西安府耀州同官縣。在今陝西銅川市。（《寰宇志》卷九二、《紀要》卷五四）

〔威勝驛〕 屬西安府乾州。在今陝西乾縣城內。（《寰宇志》卷九二、《紀要》卷五四）

〔邰城驛〕 屬西安府乾州武功縣。在今陝西武功縣城西。（《寰宇志》卷九二、《紀要》卷五四）

〔永安驛〕 屬西安府乾州永壽縣。在今陝西永壽縣城內。（《寰宇志》卷九二、《紀要》卷五四）

〔新平驛〕 屬西安府邠州。明置。在今陝西彬縣城內。（《寰宇志》卷九二、《紀要》卷五四、《清統志》卷二四八）

〔宜祿驛〕 屬西安府邠州。在今陝西長武縣城內。（《寰宇志》卷九二、《紀要》卷五四、《清統志》卷二四八）

四〇

图8-3-2 《明代驿站考》陕西部分书影

Note

(1)根据文字信息在 Excel 表中设置字段，分别为 ID、名称、具体位置、经度、纬度、所在府、所在县、所在省（图 8-3-3）。

	A	B	C	D	E	F	G	H
1	ID	名称	具体位置	经度	纬度	所在府	所在县	所在省
2								
3								
4								
5								

图 8-3-3　设置的空白 Excel 表

(2)将文字信息录入 Excel 表（图 8-3-4）。

	A	B	C	D	E	F	G	H
1	ID	名称	具体位置	经度	纬度	所在府	所在县	所在省
2	40-1	京兆驿	陕西西安市			西安府		陕西省
3	40-2	渭水驿	陕西咸阳市			西安府	咸阳县	陕西省
4	40-3	底张马驿	陕西兴平县北店张驿			西安府	兴平县	陕西省
5	40-4	白渠驿	陕西兴平县城内			西安府	兴平县	陕西省
6	40-5	新丰驿	陕西临潼县城内			西安府	临潼县	陕西省
7	40-6	建忠驿	陕西三原县城内			西安府	三原县	陕西省
8	40-7	丰原驿	陕西渭南县城内			西安府	渭南县	陕西省
9	40-8	华山驿	陕西华县城内			西安府	华州	陕西省
10	40-9	潼津驿	陕西华阴县城内			西安府	华阴县	陕西省
11	40-10	潼关驿	陕西潼关县城内			西安府	华阴县	陕西省
12	40-11	顺义驿	陕西耀县城内			西安府	耀州	陕西省
13	40-12	漆水驿	陕西铜川市			西安府	同官县	陕西省
14	40-13	威胜驿	陕西乾县城内			西安府	乾州	陕西省
15	40-14	邰城驿	陕西武功县城西			西安府	武功县	陕西省
16	40-15	永安驿	陕西永寿县城内			西安府	永寿县	陕西省
17	40-16	新平驿	陕西彬县城内			西安府	邠州	陕西省
18	40-17	宜禄驿	陕西长武县城内			西安府	邠州	陕西省

图 8-3-4　录入信息后的 Excel 表（部分）

(3)利用百度地图等查询驿站经纬度坐标（图 8-3-5）。

	A	B	C	D	E	F	G	H
1	ID	名称	具体位置	经度	纬度	所在府	所在县	所在省
2	40-1	京兆驿	陕西西安市	108.941	34.241	西安府		陕西省
3	40-2	渭水驿	陕西咸阳市	108.701	34.335	西安府	咸阳县	陕西省
4	40-3	底张马驿	陕西兴平县北店张驿	108.538	34.432	西安府	兴平县	陕西省
5	40-4	白渠驿	陕西兴平县城内	108.485	34.302	西安府	兴平县	陕西省
6	40-5	新丰驿	陕西临潼县城内	109.204	34.371	西安府	临潼县	陕西省
7	40-6	建忠驿	陕西三原县城内	108.935	34.622	西安府	三原县	陕西省
8	40-7	丰原驿	陕西渭南县城内	109.502	34.504	西安府	渭南县	陕西省
9	40-8	华山驿	陕西华县城内	109.765	34.516	西安府	华州	陕西省
10	40-9	潼津驿	陕西华阴县城内	110.086	34.569	西安府	华阴县	陕西省
11	40-10	潼关驿	陕西潼关县城内	110.239	34.547	西安府	华阴县	陕西省
12	40-11	顺义驿	陕西耀县城内	108.976	34.913	西安府	耀州	陕西省
13	40-12	漆水驿	陕西铜川市	108.934	34.898	西安府	同官县	陕西省
14	40-13	威胜驿	陕西乾县城内	108.233	34.533	西安府	乾州	陕西省
15	40-14	邰城驿	陕西武功县城西	108.189	34.264	西安府	武功县	陕西省
16	40-15	永安驿	陕西永寿县城内	108.136	34.696	西安府	永寿县	陕西省
17	40-16	新平驿	陕西彬县城内	108.071	35.046	西安府	邠州	陕西省
18	40-17	宜禄驿	陕西长武县城内	107.794	35.208	西安府	邠州	陕西省

图 8-3-5　添加经纬度信息后的 Excel 表（部分）

(4)简单的成图展示(图8-3-6)。

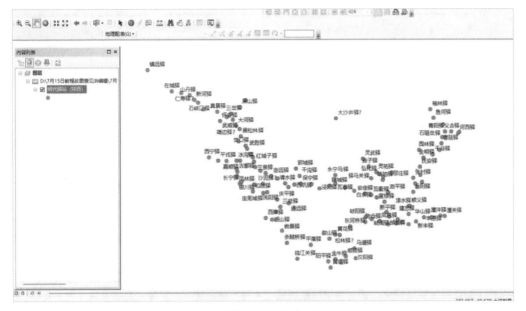

图8-3-6 明代西北驿站分布图(部分)

案例二:《明代甘肃境内二十四关考略》(陈世明),《西北民族学院学报(哲学社会科学版)》1990年第1期。

说明:陈世明先生在《明代甘肃境内二十四关考略》一文中考证了明代甘肃境内的二十四关隘,大多关隘有具体的位置、经纬度等信息(图8-3-7),部分关隘没有说明具体经纬度信息,但是说明了具体的位置,这样很方便创建Excel表,进而构建"明代甘肃境内关隘数据库"。

(1)将关隘的位置信息、经纬度信息录入Excel表(图8-3-8)。

(2)将度、分、秒格式的经纬度转换为十进制经纬度,公式如下:

=LEFT(A1,FIND("°",A1)−1)+MID(A1,FIND("°",A1)+1,FIND("'",A1)−FIND("°",A1)−1)/60+MID(A1,FIND("'",A1)+1,FIND("''",A1)−FIND("'",A1)−1)/3600

注意:因公式转换的是度、分、秒格式,而图8-3-8中的经度和纬度只有度、分格式,可以手动在度、分后加入秒(00")。

(3)因需要转换的经纬度对应C2,故需要将公式中的"A1"全部替换为"C2"。

点击Excel表中的"查找和选择"—"替换",输入查找内容为"A1",替换内容为"C2",点击"全部替换"(图8-3-9、图8-3-10)。

西北民族学院学报（哲学社会科学版）　　　　　　　　　1990年第1期

明代甘肃境内二十四关考略

陈世明

　　提起古代的关口，人们大都知道：山海关、嘉峪关、平型关、剑门关……；说起长城，人们也不陌生："秦已并天下乃使蒙恬将三十万众，北逐戎狄，收河南，筑长城，用险制塞，起临洮，至辽东，延袤万余里。"然而又有谁知道，在甘肃南部的崇山峻岭之中，还散落着明代的"二十四关"和部分"边墙"？

　　明洪武三年（公元1370年），御史大夫邓愈统率诸将，攻克洮州、岷州和河州。之后出于政治和军事上的需要，在当时河州（今临夏市）卫的边境，沿白石山——太子山——小积石山脉选择山巅、谷口、高阜显明扼要之处，"由东而西、西而北"，设置了数十座关隘，作为捍卫西陲重镇河州、抵御西南游牧民族"入侵"劫掠的有力屏障。这些关隘，就是史书所说的"明代二十四关"，也有人称其为"明代边墙"。

　　斗转星移，岁月蹉跎，如今，当年的雄关，有的只剩下一片废墟，断垣残壁，芳草萋萋；有的已看不出它的痕迹，时过境迁，鲜为人知了。二十四关到底在哪里呢？

　　三年来，笔者查阅了大量的历史资料，涉足了积石山、循化、临夏、和政、康乐、夏河六县边境上的崇山峻岭，经过五百余华里的实地考察，终于找到了历史遗留的踪迹。

　　现将二十四关所处的地理位置向大家作个简单介绍。因水平有限，写作当中差错在所难免，恳望有识之士不吝指正。

　　积石关　在积石山保安族东乡族撒拉族自治县大河家乡西约十二华里的关门村附近的黄河边上，座落着著名的积石雄关，它东距古城河州（今临夏市）一百二十华里，西距循化撒拉族自治县城积石镇约九十华里。积石关地理座标东经102°27′，北纬35°48′。积石山保安族东乡族撒拉族自治县与循化撒拉族自治县一衣带水，隔关为邻。

　　祁连山支脉小积石山自北向南延伸到这里，就被东去的黄河拦腰切断，形成一条长约五十华里的峡谷。这条峡谷就叫积石峡。因峡谷贯穿循化县孟达乡，所以也称"孟达峡"。这里两山对峙，山道崎岖，"一面是黄河一面是崖"，地势十分险峻。积石关就设在峡谷的东端，可谓"一夫当关，万夫莫开"。

　　积石峡是黄河上游著名的峡谷。《大河赋》中就载有"览百川之弘志，莫高美于黄河；潜昆仑之峻极，山积石之嵯峨"的赞语。历代诗人也在这里留下了许多赞叹其险峻优美的诗篇："黄河之水湍声壮，积石关深树影寒"，"关盘积石俨金城，一派河流贯峡横"，"积石之关何嶙峋，青壁万仞不可扪；两岸尽是凿通处，千秋尚带刊余痕"，"地险天成第一关，巍然积石出群山，登临概想神入浮，不尽东流日夜澜"。

　　积石峡里，黄河汹涌澎湃，横冲直撞，两岸千仞绝壁，遮天蔽日，大有将崩欲之势。据

—71—

图8-3-7　陈世明《明代甘肃境内二十四关考略》书影

第八章　历史地理史料与成果的数据化

	A	B	C	D
1	名称	具体位置	经度	纬度
2	积石关	积石山保安族东乡族撒拉族自治县大河家乡西约十二华里的关门村附近的黄河边上	102°27′	35°48′
3	崔家峡关	积石山县大河家乡西南的崔家峡中,北距大河家约三十华里	102°43′	35°44′
4	樊家峡关	积石山县刘集乡南面的樊家峡中,北距刘集约二十五华里	102°46′	35°42′
5	五台关	积石山县吹麻滩镇西南约三十华里的五台峡中	102°46′	35°41′
6	大峡口关	积石山县吹麻滩镇南约二十五华里的大峡口	102°48′	35°41′
7	红崖关	积石山县居家集西的甘藏沟中,东距丹凤山村约五华里	102°50′	35°38′
8	凤藏关	积石山县凤藏乡关门村西 约二华里的凤沟口	102°55′	35°34′
9	老鸦关	临夏县麻尼寺沟乡唐朵村西约五华里处的乌龙沟与麻尼寺沟交汇处	102°52′	35°30′
10	莫泥关	临夏县莫泥沟乡马井沟村西南约二华里处	102°43′	35°27′
11	土门关	临夏县马集乡关滩村南190米处	102°56′	35°25′
12	石嘴关	土门关东侧的大夏河岸边,西与土门关隔河相望		
13	朵只巴关	临夏县刁祁乡朵只巴村东南有一条长达五十华里的山沟		
14	船板岭关	临夏县刁祁乡大西滩劳动农场附近的船板岭脚下		
15	槐树关	地处太子山腹地,临夏县铁寨乡大草滩村北二华里处	103°04′	35°22′
16	西儿关	和政县罗家集乡大滩村南约十五华里处	103°08′	35°22′
17	牙塘关	和政县买家集乡柳梅滩村南约五华里处	103°10′	35°17′
18	新营关	和政县新营乡上寺湾村南约六华里处	103°16′	35°17′
19	思巴思关	和政县新庄乡草滩村南约四华里的峡口附近	103°19′	35°16′
20	沙麻关	和政县南六十华里处的吊滩乡村口附近	103°23′	35°15′
21	陡石关	和政疗养院 南的小峡口,北距和政县城约五十四华里	103°25′	35°15′
22	大马家滩关	康乐县八松乡葱滩村南约四华里的药水峡当中		
23	小马家滩关	八松乡某子沟脑村附近山口		
24	麻山关	康乐县八松乡扎子河村南约四华里处		
25	俺陇关	康乐县鸣鹿乡鸣鹿关村附近		

图 8-3-8　明代甘肃境内二十四关信息表

图 8-3-9　将公式中的"A1"全部替换为"C2"操作页面

	A	B	C	D	E	F
1	名称	具体位置	经度	纬度	十进制经度	十进制纬度
2	积石关	积石山保安族东乡族撒拉族自治县大河家乡西约十二华里的关门村附近的黄河边上	102°27′00″	35°48′00″	102.45	35.8
3	崔家峡关	积石山县大河家乡西南的崔家峡中,北距大河家约三十华里	102°43′00″	35°44′00″	102.7166667	35.73333333
4	樊家峡关	积石山县刘集乡南面的樊家峡中,北距刘集约二十五华里	102°46′00″	35°42′00″	102.7666667	35.7
5	五台关	积石山县吹麻滩镇西南约三十华里的五台峡中	102°46′00″	35°41′00″	102.7666667	35.68333333
6	大峡口关	积石山县吹麻滩镇南约二十五华里的大峡口	102°48′00″	35°41′00″	102.8	35.68333333
7	红崖关	积石山县居家集西的甘藏沟中,东距丹凤山村约五华里	102°50′00″	35°38′00″	102.8333333	35.63333333
8	凤藏关	积石山县凤藏乡关门村西 约二华里的凤沟口	102°55′00″	35°34′00″	102.9166667	35.56666667
9	老鸦关	临夏县麻尼寺沟乡唐朵村西约五华里处的乌龙沟与麻尼寺沟交汇处	102°52′00″	35°30′00″	102.8666667	35.5
10	莫泥关	临夏县莫泥沟乡马井沟村西南约二华里处	102°43′00″	35°27′00″	102.7166667	35.45
11	土门关	临夏县马集乡关滩村南190米处	102°56′00″	35°25′00″	102.9333333	35.41666667
12	石嘴关	土门关东侧的大夏河岸边,西与土门关隔河相望				
13	朵只巴关	临夏县刁祁乡朵只巴村东南有一条长达五十华里的山沟				
14	船板岭关	临夏县刁祁乡大西滩劳动农场附近的船板岭脚下				
15	槐树关	地处太子山腹地,临夏县铁寨乡大草滩村北二华里处	103°04′00″	35°22′00″	103.0666667	35.36666667
16	西儿关	和政县罗家集乡大滩村南约十五华里处	103°08′00″	35°22′00″	103.1333333	35.36666667
17	牙塘关	和政县买家集乡柳梅滩村南约五华里处	103°10′00″	35°17′00″	103.1666667	35.28333333
18	新营关	和政县新营乡上寺湾村南约六华里处	103°16′00″	35°16′00″	103.2666667	35.26666667
19	思巴思关	和政县新庄乡草滩村南约四华里的峡口附近	103°19′00″	35°16′00″	103.3166667	35.63333333
20	沙麻关	和政县南六十华里处的吊滩乡村口附近	103°23′00″	35°15′00″	103.3833333	35.25
21	陡石关	和政疗养院 南的小峡口,北距和政县城约五十四华里	103°25′00″	35°15′00″	103.4166667	35.25
22	大马家滩关	康乐县八松乡葱滩村南约四华里的药水峡当中				
23	小马家滩关	八松乡某子沟脑村附近山口				
24	麻山关	康乐县八松乡扎子河村南约四华里处				
25	俺陇关	康乐县鸣鹿乡鸣鹿关村附近				

图 8-3-10　转换后的数据表

(4)将论文中没有给具体经纬度坐标的关隘,根据具体位置利用百度地图或谷歌地球等进行坐标反查(图8-3-11)。完成数据表导入文档显示如图8-3-12所示。

	A	B	C	D	E	F	G
1	名称	具体位置	经度	纬度	十进制经度	十进制纬度	备注
2	积石关	积石山保安族东乡族撒拉族自治县大河家乡西约十二华里的关门村附近的黄河边上	102°27′00″	35°48′00″	102.45	35.8	
3	崔家峡关	积石山县大河家乡西南的崔家峡中,北距大河家约三十华里	102°43′00″	35°44′00″	102.7166667	35.73333333	
4	樊家峡关	积石山县刘集乡南面的樊家峡中,北距约二十五华里	102°46′00″	35°42′00″	102.7666667	35.7	
5	五台关	积石山县吹麻滩镇西南的三十华里的五台峡中	102°46′00″	35°41′00″	102.7666667	35.68333333	
6	大峡口关	积石山县吹麻滩南约二十五华里的大峡峡口	102°48′00″	35°41′00″	102.8	35.68333333	
7	红崖关	积石山县居家集西的甘麻沟中,东距丹凤山村约五华里	102°50′00″	35°38′00″	102.8333333	35.63333333	
8	乩藏关	积石山县乩藏乡门村西 约二华里的乩藏村	102°55′00″	35°34′00″	102.9166667	35.56666667	
9	老鸦关	临夏县麻尼寺沟乡唐家村西约五华里处的乌龙沟与麻尼寺沟交汇处	102°52′00″	35°30′00″	102.8666667	35.5	
10	莫泥关	临夏县莫泥沟乡马井沟村西南约二华里处	102°43′00″	35°27′00″	102.7166667	35.45	
11	土门关	临夏县马集乡关滩村南190米处	102°56′00″	35°25′00″	102.9333333	35.41666667	
12	石嘴关	土门关东侧的大夏河岸边,近与土门关隔河相望			102.943	35.416	坐标反查
13	朵只巴关	临夏县刀祁乡朵只巴村东南有一条长达五十华里的山沟			102.966	35.306	坐标反查
14	船板岭关	临夏县刀祁乡大西滩劳动农场附近的船板岭南下			103.021		坐标反查
15	槐树关	地处山下腹地,临夏县铁寨乡大滩村南北二华里处	103°04′00″	35°22′00″	103.0666667	35.36666667	
16	西儿关	和政县罗家集乡大滩村南约十五华里处	103°08′00″	35°22′00″	103.1333333	35.36666667	
17	牙塘关	和政县买家集乡柳梅滩村南约的五华里处	103°10′00″	35°22′00″	103.1666667	35.36666667	
18	新营关	和政县新营乡上寺滩村南约六华里处	103°16′00″	35°16′00″	103.2666667	35.26666667	
19	思巴思关	和政县三十家乡享滩村南约四华里处的峡口附近	103°19′00″	35°17′00″	103.3166667	35.28333333	
20	沙麻关	和政县六十家乡的吊滩乡八华里处	103°23′00″	35°15′00″	103.3833333	35.25	
21	陡石关	和政疗养院 南的小峡口,北距和政县城的五十四华里	103°25′00″	35°15′00″	103.4166667	35.25	
22	大马家滩关	康乐县八松乡思滩村南约四华里的药水峡当中			103.429	35.254	坐标反查
23	小马家滩关	八松乡菜子沟脑村附近山口			103.459	35.253	坐标反查
24	麻山关	康乐县八松乡扎子河村南约五华里处			103.483	35.227	坐标反查
25	俺陇关	康乐县鸣鹿乡鸣鹿关村附近			103.535	35.275	坐标反查

图 8-3-11 完成后的数据表

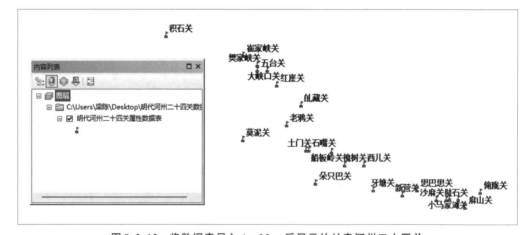

图 8-3-12 将数据表导入 ArcMap 后显示的甘肃河州二十四关

第四节 图集资料的数据化处理

案例:以《中国历史地图集》为底图,对唐代延州进行数据化处理。

说明:底图来源于《中国历史地图集》唐代部分"关内道京畿道",我们在 ArcMap 中对其中唐代延州部分进行数据化处理。因图集资料的处理,我们在前面已经有"唐长安城"的案例,这里选取政区类型的图集进行简单展示。

(1)打开 ArcMap,鼠标左键单击【添加数据】按钮 ✛,连接到桌面文件夹"地理配准"。选择"《中国历史地图集·关内道京畿道》扫描版",点击【添加】。完成后如图 8-4-1、图 8-4-2 所示。

图 8-4-1 【添加数据】对话框

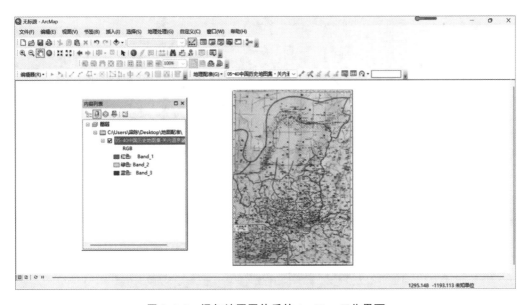

图 8-4-2 添加地图图片后的 ArcMap 工作界面

(2)添加坐标系,鼠标左键单击【视图】—【数据框 属性】,在地理坐标系中选择 "WGS 1984",点击【确定】按钮(图 8-4-3)。

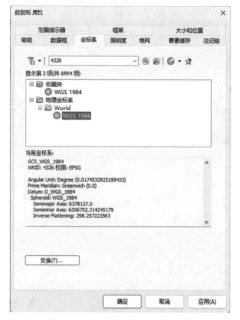

图 8-4-3　数据属性控制面板

（3）对地图进行地理配准（图 8-4-4）（具体步骤可参考本书第三章）。

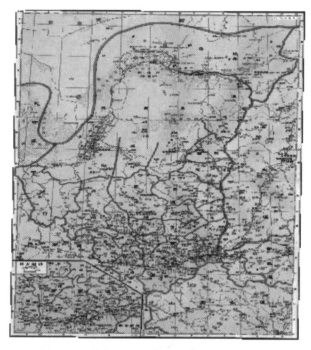

图 8-4-4　配准后的地图

（4）在 ArcCatalog 中创建需要编辑的矢量要素。

创建的点要素包括唐代州治、唐代县治、唐代的镇、今市级城市、今县级城市；线要素包括河流；面要素包括行政区（图 8-4-5）。

第八章　历史地理史料与成果的数据化

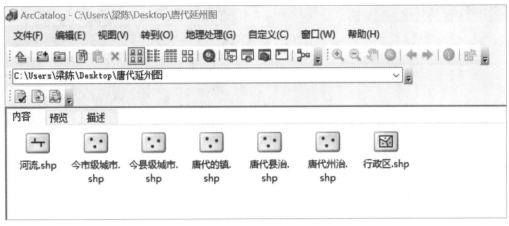

图 8-4-5　ArcCatalog 中创建的矢量数据

（5）在 ArcMap 中添加需要编辑的矢量数据（图 8-4-6）。

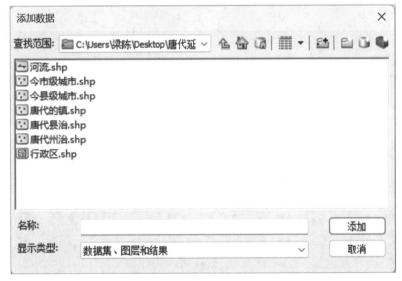

图 8-4-6　【添加数据】对话框

（6）在属性表中添加字段，鼠标右键点击【内容列表】下的"唐代州治"。打开属性表，点击【添加字段】，在【添加字段】对话框中输入名称，类型选择"文本"，字段属性为"长度 20"（图 8-4-7）。

（7）以编辑"唐代县治"为例。

鼠标右键点击【内容列表】下的"唐代县治"—【编辑要素】—【开始编辑】—【创建要素】，鼠标左键依次单击【创建要素】对话框中的"唐代县治"以及"构造工具"下的"点"。

开始编辑后，打开属性表，添加"名称""所属州"等信息（图 8-4-8、图 8-4-9）。

编辑完成后，点击【编辑器】—【保存编辑内容】—【编辑器】—【停止编辑】。

可以鼠标右键点击【内容列表】下的"唐代县治"打开属性表查看（图 8-4-10）。

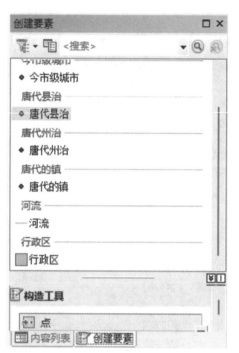

图 8-4-7 属性表【添加字段】对话框　　图 8-4-8 【创建要素】对话框

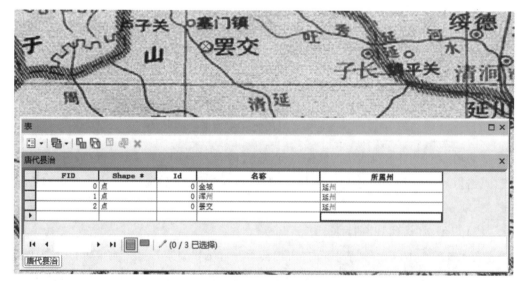

图 8-4-9 编辑"唐代县治"图层操作页面

第八章 历史地理史料与成果的数据化

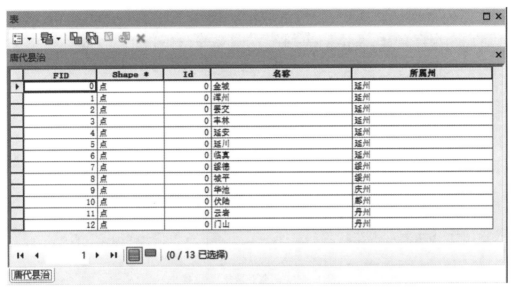

图 8-4-10 "唐代县治"属性表

（8）其他要素的编辑步骤同上。

（9）编辑完成后的要素可以导出数据进行保存。

下面以"唐代县治"为例。鼠标右键点击【内容列表】下的"唐代县治"，选择【数据】—【导出数据】(图 8-4-11)。鼠标左键点击【浏览】按钮 ，选择保存位置，修改名称，然后点击【确定】按钮—【保存】按钮(图 8-4-12)。

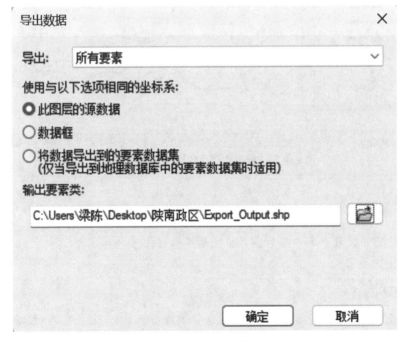

图 8-4-11 【导出数据】对话框

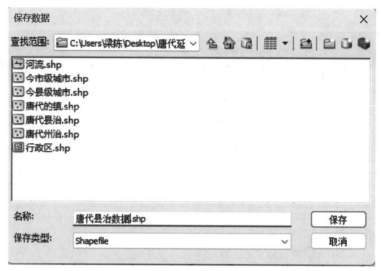

图 8-4-12 【保存数据】对话框

（10）编辑完成，符号化后的【数据视图】对话框如下（图 8-4-13）。

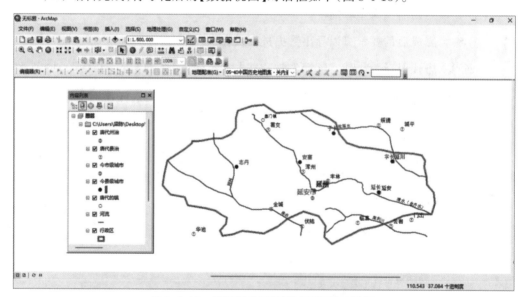

图 8-4-13 编辑完成后的【数据视图】对话框

/ 思考题 /

从哪些文献资料中能够获得历史地理数据的来源和依据？

/ 操作题 /

选择两种不同类型的文献，制成两份地理信息数据表，并在 ArcMap 中绘制成专题地图。

第九章
历史地理信息的空间分析

 学习目的

（1）掌握利用历史地理数据在GIS软件中进行部分基本空间分析的简单操作。

（2）具备借助历史地理信息系统技术辅助历史地理等相关学科学习、研究的初级能力。

（3）理解计算机软件在处理历史地理数据方面的优势。

（4）通过历史地理信息系统了解数字人文方法的特点和优势。

 学习要求

（1）掌握同一区域内多种历史地理数据叠加的方法。

（2）掌握利用历史地理数据进行缓冲区分析的方法。

（3）掌握利用历史地理数据进行密度分析的基本方法。

第一节　历史地理信息的叠加

在一定空间中，包含的地理信息是多种多样的，不仅仅单一类型的地物之间存在着位置的关系和关联，其与其他类型的地物之间也很可能存在关联，所以通过GIS可以叠加不同类型的地理信息，进而发现更丰富的空间关系因素。比如，通过对明代辽东驻兵数量的可视化，可以发现兵力分布上的特点，如果添加长城位置和地形要素，可以理解长城沿线城堡分布以及地形与兵力部署之间的关系。也就是说，相同空间范围内，地物信息越丰富，关联性越容易被发现。以下三幅明代辽东长城沿线城堡图中的内容信息是逐步增多的（图9-1-1、图9-1-2、图9-1-3），通过对照观察，所获得的启发也会更为多样。

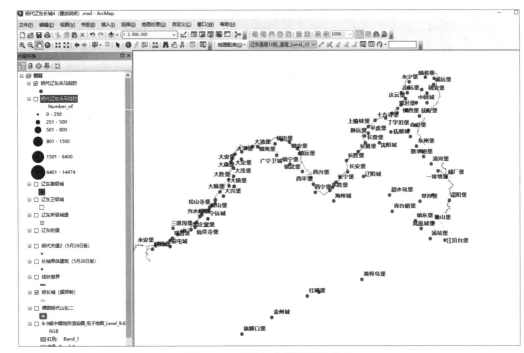

图 9-1-1　明代辽东长城沿线城堡

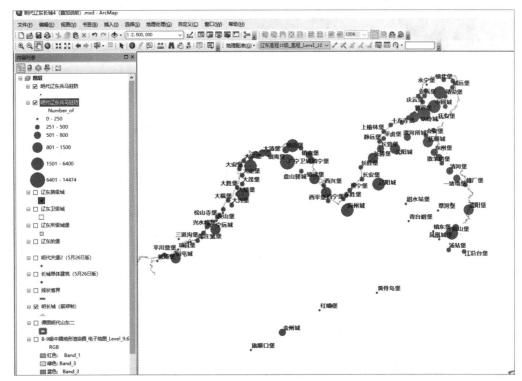

图 9-1-2　明代辽东长城沿线城堡驻兵数量分布

第九章　历史地理信息的空间分析

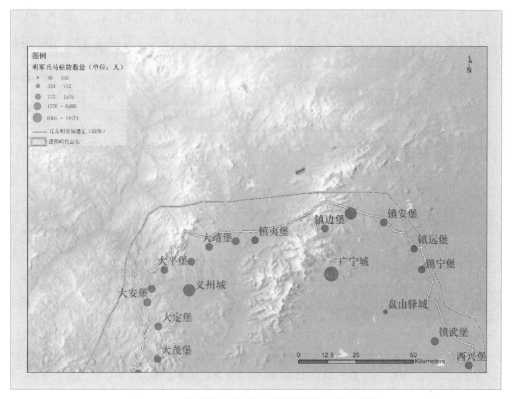

图 9-1-3　明代辽东地形与长城沿线城堡兵力部署

通过图 9-1-3 可以发现,驻兵较多的城堡基本集中在山地与平原相邻近的区域,靠近长城内侧,长城偏向山地,较大的城堡偏近平原。

第二节　历史地理信息的缓冲区分析

缓冲区分析包括单环缓冲区分析和多环缓冲区分析两种。下面以陕南仰韶文化遗址点河流缓冲区分析为例进行介绍。

一、单环缓冲区分析

(1) 鼠标左键点击【添加数据】,依次添加"陕南河流"数据、"陕南政区"数据、"陕南仰韶文化遗址点"数据等。

(2) 打开【Analysis Tools.tbx】工具—【邻域分析】—【缓冲区】。

(3) 在【输入要素】中选择"陕南河流"。

(4) 在【输出要素类】中设置结果文件的名称。

（5）在【线性单位】中选择分析的范围大小、单位,点击【确定】按钮。

【缓冲区】分析要素选择对话框如图 9-2-1 所示,河流缓冲区分析完成示意图如图 9-2-2 所示。

图 9-2-1　【缓冲区】分析要素选择对话框

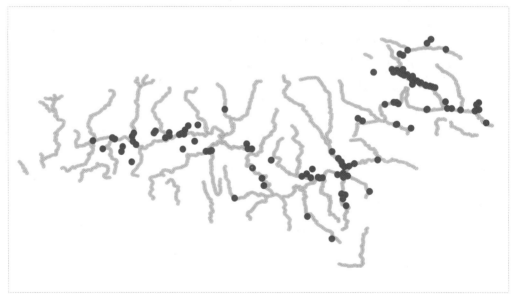

图 9-2-2　河流缓冲区分析完成示意图

二、多环缓冲区分析

（1）在上述第一步的基础上,打开【Analysis Tools.tbx】工具—【领域分析】—【多环缓冲区】。

(2)在【输入要素】中,选择"陕南河流"。

(3)在【输出要素类】中,设置结果文件的名称。

(4)在【距离】中,设置缓冲区分析范围。以2千米、4千米为例,先在距离中输入"2",点击"+",再输入"4",点击"+"。

(5)在【缓冲区单位(可选)】中选择单位。这里选择"Kilometers",点击【确定】按钮。

多环缓冲区【要素选择】对话框如图9-2-3所示,河流缓冲区分析完成示意图如图9-2-4所示。

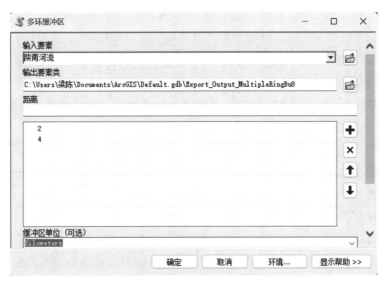

图9-2-3 多环缓冲区【要素选择】对话框

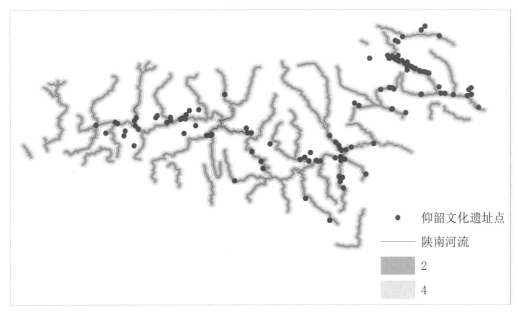

图9-2-4 多环缓冲区分析完成示意图

第三节 历史地理信息的密度分析

下面以陕南仰韶文化遗址点的核密度分析为例进行介绍。

(1)鼠标左键单击【添加数据】,依次添加"陕南三市政区"数据、"陕南仰韶文化遗址点"数据。

(2)在 ArcToolbox 中,左键单击【Spatial Analyst】工具—【密度分析】—【核密度分析】。

(3)在【输入点或折线要素】中,设置需要进行分析的点或者折线要素图层。这里选择"陕南仰韶文化遗址点"。

(4)在【Population字段】中,选择参与核密度计算字段。默认选项为"NONE",以搜索圆内要素点个数计算密度值。

(5)在【输出栅格】中,设置结果文件的名称。

(6)在【输出象元大小】中,设置输出密度图的栅格大小。

(7)在【搜索半径】中,输入密度计算的搜索半径。

(8)在【面积单位】中,选择密度值的度量单位。

(9)点击【确定】按钮,即完成遗址点的核密度分析。

【核密度分析制图】对话框如图 9-3-1 所示,陕南仰韶文化遗址核密度分析完成示意图如图 9-3-2 所示。

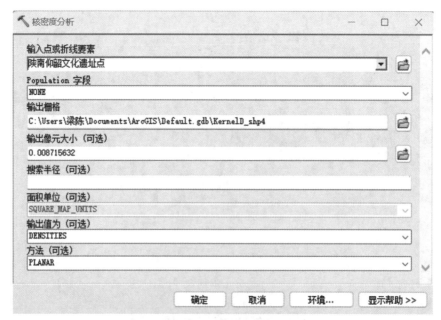

图 9-3-1 【核密度分析制图】对话框

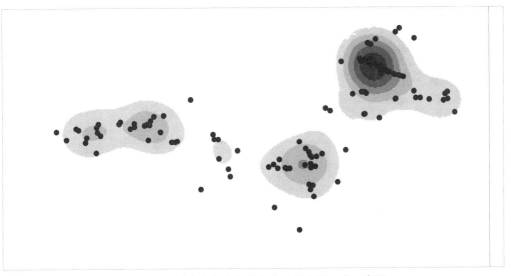

图 9-3-2　陕南仰韶文化遗址核密度分析完成示意图

(10)鼠标右键点击【内容列表】中的"核密度分析"图层,左键点击【属性】—【符号系统】,可以设置"类别"(图9-3-3)。点击"分类",可以调整"中断值"等内容(图9-3-4)。重新分类调整后的核密度分析示意图如图9-3-5所示。

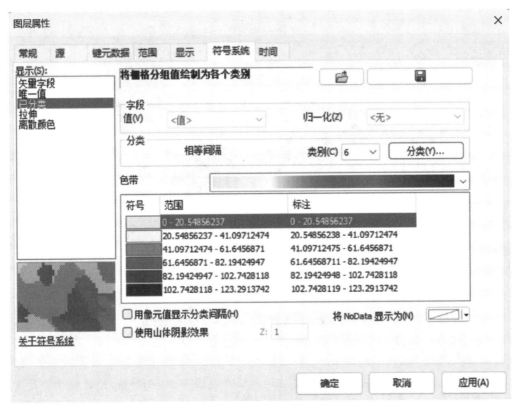

图 9-3-3　【图层属性】对话框

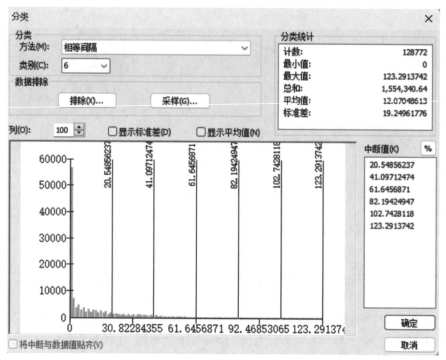

图 9-3-4 【分类】对话框

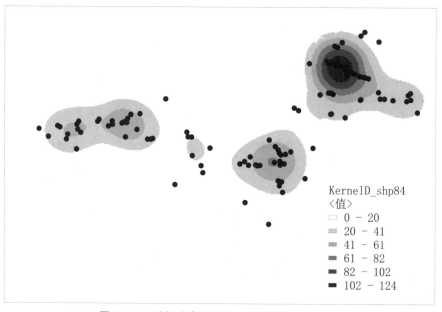

图 9-3-5 重新分类调整后的核密度分析示意图

/ 操作题 /

根据第七章作业中制成的遗址地理信息数据表,在 ArcMap 中进行核密度、河流缓冲区分析,并绘制成专题地图。

参 考 文 献

[1] 成一农.当代中国历史地理学研究(1949—2019)[M].北京：中国社会科学出版社，2019.

[2] 蒋竹山.当代史学研究的趋势、方法与实践：从新文化史到全球史[M].台北：五南出版社，2012.

[3] [美]安妮·伯迪克，约翰娜·德鲁克，彼得·伦恩费尔德，等.数字人文——改变知识创新与分享的游戏规则[M].马林青，韩若画，译.北京：中国人民大学出版社，2018.

[4] 林珲，赖进忠，周成虎.空间综合人文学与社会科学研究[M].北京：科学出版社，2010.

[5] 牟乃夏，刘文宝，王海银，等.ArcGIS 10地理信息系统教程：从初学到精通[M].北京：测绘出版社，2012.

[6] 汤国安，杨昕，张海平，等.ArcGIS地理信息系统空间分析实验教程[M].3版.北京：科学出版社，2021.

[7] 董昱，胡云峰，王娜.QGIS软件及其应用教程[M].北京：电子工业出版社，2021.

[8] 蒋湧，李卫江，廖邦固，等.开源地理信息系统QGIS空间分析教程[M].北京：科学出版社，2021.

[9] 陈硕.社会科学研究与地理信息：GIS的应用[M].北京：北京大学出版社，2023.

[10] 国家地图集编纂委员会.中华人民共和国国家历史地图集（第一册）[M].北京：中国地图出版社，中国社会科学出版社，2014.

[11] 谭其骧.中国历史地图集[M].北京：地图出版社，1982.

[12] Wittke A M，Olshausen E，Szydlak R.古代世界历史地图集[M].葛会鹏，古原驰，史湘洁，等译.上海：华东师范大学出版社，2016.

[13] Gregory I N . A Place in History: A Guide to Using GIS in Historical Research[M].2nd ed. Oxford：Oxbow Books，2003.

[14] Gregory I N，Ell P S. Historical GIS: Technologies, Methodologies and Scholarship[M]. Cambridge：Cambridge University Press，2007.

[15] Bodenhamer D J，Corrigan J，Harris M. The Spatial Humanities: GIS and the Future of Humanities Scholarship[M].Bloomington：Indiana University Press，2010.

教学支持说明

为了改善教学效果,提高教材的使用效率,满足高校授课教师的教学需求,本套教材备有与纸质教材配套的教学课件(PPT电子教案)和拓展资源(案例库、习题库、视频等)。

为保证本教学课件及相关教学资料仅为教材使用者所得,我们将向使用本套教材的高校授课教师免费赠送教学课件或者相关教学资料,烦请授课教师通过电话、邮件等方式与我们联系,获取"教学课件资源申请表"文档并认真准确填写后反馈给我们,我们的联系方式如下:

地址:湖北省武汉市东湖新技术开发区华工科技园华工园六路

邮编:430223

电话:027-81321911

传真:027-81321917

E-mail:lyzjjlb@163.com

电子资源申请表

填表时间：_____年___月___日

1. 以下内容请教师按实际情况写，★为必填项。
2. 根据个人情况如实填写，相关内容可以酌情调整提交。

★姓名		★性别	□男 □女	出生年月		★职务	
						★职称	□教授 □副教授 □讲师 □助教

★学校		★院/系	
★教研室		★专业	
★办公电话		家庭电话		★移动电话	
★E-mail（请填写清晰）		★QQ号/微信号	
★联系地址		★邮编	

★现在主授课程情况	学生人数	教材所属出版社	教材满意度
课程一			□满意 □一般 □不满意
课程二			□满意 □一般 □不满意
课程三			□满意 □一般 □不满意
其 他			□满意 □一般 □不满意

教材出版信息		
方向一	□准备写 □写作中 □已成稿 □已出版待修订 □有讲义	
方向二	□准备写 □写作中 □已成稿 □已出版待修订 □有讲义	
方向三	□准备写 □写作中 □已成稿 □已出版待修订 □有讲义	

请教师认真填写表格下列内容，提供索取课件配套教材的相关信息，我社根据每位教师填表信息的完整性、授课情况与索取课件的相关性，以及教材使用的情况赠送教材的配套课件及相关教学资源。

ISBN（书号）	书名	作者	索取课件简要说明	学生人数（如选作教材）
			□教学 □参考	
			□教学 □参考	

★您对与课件配套的纸质教材的意见和建议，希望提供哪些配套教学资源：